AI와 순환 건축

AI문고

인공지능 시대입니다. 기계가 인간의 인지를 대신하고, 사물이 인간을 통하지 않고 다른 사물과 직접 커뮤니케이션합니다. 이에 따른 인간 삶과 문명 변화를 정확히 이해·예측·대응하는 것은 이 시대 우리 모두의 과제입니다. AI문고는 인공지능 기술과 환경의 여러 주제를 10가지 키워드로 정리합니다. 관련 개념과 이론, 학계와 산업계의 쟁점, 우리 일상의 변화를 다룹니다. 인간과 기술의 현재, 미래를 세심히 분석합니다.

일러두기

- 인명, 작품명, 저서명, 개념어 등은 한글과 함께 괄호 안에 해당 국가의 원어를 병기했습니다.
- 외래어 표기는 현행 어문규정의 외래어표기법을 따랐습니다.

처음이세요?

전문가세요?

AI와 순환 건축

황준호

대한민국, 서울, 커뮤니케이션북스, 2026

AI와 순환 건축

지은이 황준호
펴낸이 박영률

초판 1쇄 펴낸날 2026년 1월 19일

커뮤니케이션북스(주)
출판 등록 2007년 8월 17일 제313-2007-000166호
02880 서울시 성북구 성북로 5-11
전화(02) 7474 001, 팩스(02) 736 5047
commbooks@commbooks.com
www.commbooks.com

ISBN 979-11-430-1659-1 03500

책값은 뒤표지에 표시되어 있습니다.

차례

인공지능과 동행하는 순환 도시건축

AI 시대의 순환 도시건축

'도시는 인류가 만든 가장 큰 문명적 발명품이다.'

플라톤은 《국가》에서 "도시는 인간이 단독으로 충족할 수 없는 필요를 함께 해결하기 위해 탄생한다"고 말했다.

오늘날 도시의 의미는 단순한 주거지를 넘어, 사회적 계약이 구현되는 공간이며 문명의 총체적 표현이다. 그러나 기후 위기와 불평등, 에너지 고갈, 관계 단절이라는 복합적 위기는 도시를 흔들고 있다. 유엔 해비타트(2017)의 New Urban Agenda 보고서는 도시를 지속 가능성과 회복력의 전초 기지로 설계해야 한다고 강조하며, 이는 곧 순환 건축(Circular Architecture)과 AI의 결합이 문명적 대안임을 시사한다.

AI와 순환 건축은 글로벌 규범으로 발전해야 한다. 한국의 '홍익인간' 정신은 모두를 이롭게 하는 원리를, 서양의 '공공선'은 공동체 전체의 선을 지향한다. 이 두 가치는 AI 윤리와 순환 건축의 철학적 기반이다. 이는 국제기구와 학계가 강조하는 새로운 문명 규범으로 확장될 수 있다. AI와 순환 건축이 연결, 순환, 공유의 힘으로 새로운 생명 문명을 설계할 때, 우리는 비로소 '살아있는 문명'을 구현하게 될 것이다. 오늘날 인류의 절반 이상이 도시에 거주한다는 사실은 도시가 단순한 장소가 아니라 인류 문명의 핵심이라는 것을 보여 준다. 그러나 지금의 도시는 위기에 직면해 있다. 기후 변화, 불평등, 안전, 문화 단절, 자원 낭비, 그리고 신뢰의 위기는 도시를 흔들고 있다. 우리는 이제 도시를 큰 융합의 복합 공간이자 장소로 다시 정의해야 한다. 도시를 "순환하는 생명체"로 설계하지 않는다면, 인류의 미래 역시 지속될 수 없다.

순환 건축은 자원과 관계의 단절을 넘어 순환 · 재생 · 회복을 원리로 한다. 국토연구원(2024)은 《순환 경제와 도시건축의 융합 전략》에서, 자원의 선형적 흐름에서 발생하는 비용 · 폐기 문제를 해소하기 위해 건축 단계에서부터 순환성을 고려해야 한다고 지적한다. 이는 에너지, 물, 자재, 쓰레기뿐만 아니라 관계 · 문화 · 데이터까지 포함한 총체적 설계 원리다. 도시는 하나의 생명체이며, 건축은 그 생명체의 호흡을 설계하는 심폐 시스템이다. 건축은 생애 주기를 담아내야 하며, 도시 전체가 인간 삶의 사계절을 담아야 한다. 순환 건축은 생애와 세대를 넘나드는 기억과 돌봄의 구조를 복원하며, 단순한 친환경 정책이 아니라 정치, 경제, 사회 전반을 재구성하는 메타 전략이다. 이제 도시와 건축은 자본의 도구가 아니라, 인간과 자연의 조화로운 공진화를 담은 매개체가 되어야 한다. 건축의 재료가 순환하고, 도시의 에너지가 자립하며, 인간의 관계가 회복될 때, 우리는 비로소 새로운 문명의 문턱에 선다.

도시와 건축: 새로운 문명적 질문

인류 문명은 늘 도시에서 진화해 왔다. 루이스 멈퍼드가 말하듯, 도시는 단순한 거주지가 아니라 문명의 '그릇'이었다. 산업화 시대의 도시가 자본과 노동의 집적체였다면, 오늘날의 도시는 인간과 생태, 그리고 기술이 공존해야 하는 복합적 생명체로 진화하고 있다. 21세기 도시는 더 이상 '성장'의 기계가 아니라 '순환'의 유기체, '공존'의 실험실로 변모해야 한다. 건축가는 단순한 건축의 그리드를 그리는 설계자 이상의 문명 설계자다. 알바 알토가 헬싱키를 복지 중심 도시로 재편했듯이, 건축가는 기술, 예술, 경제, 윤리, 지역, 세계의 교차점에서 미래 문명을 기획하는 설계자다. 파터 드러커는 "미래를 예측하는 가장 좋은 방법은 그것을 창조하는 것"이라고 말했다. 순환 건축은 예측을 넘어 창조이며, 창조를 넘은 문명의 설계다.

"행복은 준비된 자의 몫이다." 아리스토텔레스는 《니코마코스 윤리학》에서 덕과 공동체의 조화를 행복의 조건으로 제시하고 있다. 우리가 만드는 건축은 결국 우리가 되는 문명이다. 도시는 행복을 생산하는 플랫폼이어야 한다. 순환 건축은 선언에서 실천으로, 실천에서 문명으로 나아가는 과정에서 시민을 그 중심으로 두고 있다.

도시는 단순한 주거의 집합체가 아닌, 큰 융합의 복합 공간이자 유기적 장소다. 학문과 기술, 예술과 경제, 환경과 정치가 얽혀 있는 융합의 현장으로, 인간과 AI, 세대와 세대, 지역과 세계가 교차하는 만남의 장으로, 자원 · 문화 · 정보 · 에너지가 교환되는 거대한 무대로서 도시를 설계한다는 것은 곧 문명을 설계하는 일이며, 도시를 운영한다는 것은 곧 인류의 방향을 결정하는 일이다. 도시는 복합 공간(Complex Space)이면서 동시에 장소(Place)다. 공간은 물리적 차원이고, 장소는 의미적 차원이다. 도시가 단순히 효율적 공간에 머문다면 사람은 소외된다. 그러나 도시가 장소가 될 때, 그것은 공간에서 공동체의 기억과 문화, 인간의 정체성을 품는다.

순환 생태계로서의 건축: 청색 기술

AI와 블록체인의 결합은 도시 자원의 순환을 신뢰할 수 있는 시스템으로 만든다. 싱가포르 정부는 2014년부터 도시 전역을 디지털 트윈으로 구축하고 있으며, 시민이 사용하는 데이터는 블록체인 기반 플랫폼에서 검증된다.

이는 '데이터 민주주의'의 출발점이다. 칸트는 "인간은 수단이 아니라 목적"이라고 하였다. 데이터 역시 수단이 아니라, 시민의 삶을 증진하는 목적에 봉사할 때 윤리적이 된다. 이런 점에서 순환 건축은 기술의 목적성을 다시 묻는 메타 전략이며, 청색 기술(Blue Technology)은 자연의 생태계에서 해답을 찾는다. 군터 파울리의 《The Blue Ecomomy 3.0》(2017)은 숲의 공생·해양 순환 구조에서 건축, 에너지 혁신을 배울 수 있다고 강조한다. 독일 함부르크 항만 도시는 해양 순환 시스템을 모방한 수처리 건축으로 에너지 자립률을 높였다. 이는 순환 건축이 단순히 친환경 슬로건이 아니라, 생명 모방 기반의 과학적 전략임을 증명한다. 청색 기술은 단순히 친환경적 기술을 의미하지 않는다. 그것은 자연의 순환 원리를 기술과 경제, 도시 시스템에 옮겨오는 새로운 문명의 언어다. 자연은 결코 낭비하지 않으며, 숲에서는 낙엽이 땅을 덮고, 다시 생명을 일구며, 바다에서는 미생물이 폐기물을 분해하고 또 다른 생명의 먹이가 된다. 이 순환의 법칙을 인간의 기술 체계에 적용하자는 것이 청색 기술의 본질이다.

청색 기술은 도시를 단순히 지속 가능하게 만드는 것을 넘어, 회복력(resilience) 있는 생태계로 탈바꿈시킨다. 결국 청색 기술이 적용된 도시 생태계는 인간과 자연이 다시 호흡하는 도시, 즉 "기계로서의 도시"에서 "생명체로서의 도시"로의 복귀를 의미한다. 혁신을 요구한다.

융합 건축: 인간, 사회, 자연, AI

건축의 디지털 트윈은 이제 도면의 그림자가 아니다. 그것은 건물이 살아 숨 쉬는 제2의 의식이다. 기술은 인간을 대체하는 것이 아니라, 인간을 더 깊이 이해하도록 돕는 거울이다. 융합 건축이 만들어 내는 공간은 인간의 생활 리듬을 기록한다. 그 안에는 빛과 그림자, 대화와 침묵이 모두 포함되며 이 데이터를 다루는 윤리야말로 융합 건축의 미래를 결정하는 척도다. 데이터는 인간의 자유를 대신하는 것이 아니라, 자율성을 확장하는 도구여야 한다.

융합 건축의 철학은 단순한 환경주의도, 기술 낙관주의도 아니며 그것은 "존재의 공존", 즉 인간과 비인간, 자연과 인공이 서로를 통해 완성되는 생태적 존재론에 기초한다.

AI가 건축을 조율할 때, 그 판단의 근거와 과정은 투명하게 공개되어야 하며, 인간은 언제든 제어를 다시 수동으로 되돌릴 권리를 가져야 한다. 이것이 융합 건축의 '인간 중심 윤리(Human-in-the-Loop)'다. 결국 AI는 도구가 아니라 거주하는 이웃이다. 그는 인간의 결정을 대신하지 않고, 인간이 더 깊이 숙고하고, 더 멀리 예측하며, 더 넓게 공감하도록 돕는 존재가 된다.

융합 예술 플랫폼과 건축

21세기 건축은 더 이상 '건물'을 짓는 기술이 아니라 '경험'을 빚는 예술로 진화하고 있다. AI, 미디어 아트, 생태공학, 사회 디자인 등 다양한 영역이 서로의 경계를 넘나들며, 하나의 총체적 예술을 이루는 이 시대, 건축은 예술의 최종 무대이자, 인간과 기술이 공명하는 '융합 플랫폼'으로 자리 잡고 있다.

플랫폼이란 본래 기술적 용어였지만, 오늘날에는 예술과 사회를 연결하는 새로운 구조를 의미한다. 건축은 이러한 플랫폼적 예술의 물리적 기반으로 진화하며, 예술과 과학, 사회와 인간이 서로를 비추는 공진장(共振

場)이 된다.

융합 예술 플랫폼은 개별 건축에 머물지 않으며, 도시 전체가 거대한 예술 생태계가 될 때, 우리는 '도시 예술 건축'의 시대를 맞게 된다. 도시건축은 '정적인 조형'이 아니라, 시간과 감정에 반응하는 살아있는 플랫폼으로서 시민은 단순한 사용자가 아니라 공동 창작가가 된다. AI와 센서 기술, 인터랙티브 미디어는 융합 예술 플랫폼의 핵심 동력이다. AI는 데이터를 계산하지만, 예술가는 그 데이터를 감정으로 번역한다. 이 관계를 통해 건축은 새로운 감각의 차원으로 진입하고 , 인간의 정서에 공간한다. 이것이 바로 '감응적 건축'이며, 미래의 융합 예술 플랫폼이 추구하는 이상적 형태다. 미래의 건축가는 더 이상 도면만 그리는 설계자가 아니라 기술을 이해하고, 감정을 설계하며, 철학을 공간화하는 '융합 예술가'다.

환경 캔버스와 도시 자연

우리는 오랫동안 환경을 단지 '외부 조건'으로 생각해 왔다. 인간의 활동을 둘러싼 배경, 또는 도시가 끼어 있는 자연의 잔여물로서의 환경. 그러나 도시 문명은 이제 환경을 설계의 대상이자 창조의 구조로 인식하기 시작했다.

'환경 캔버스'는 그 새로운 패러다임의 언어다. 그것은 도시의 생태, 자원, 인간의 행위, 기술의 흐름을 함께 배치하여, 순환적 관계망을 시각화하는 도구이자 사고의 틀이다. 즉, 환경 캔버스는 도시를 '고정된 구조물'이 아니라 순환하는 유기체로 보는 시각을 설계자에게 부여한다.

환경 캔버스의 본질은 관계의 시각화에 있다.

한 도시의 공기, 물, 에너지, 인간, 동식물, 그리고 정보의 흐름은 하나의 네트워크로 얽혀 있다. 이는 단순한 도식이 아니라, 인간과 자연이 맺는 새로운 윤리적 약속이기도 하다. 이 네트워크를 인식하지 못한 채 도시는 오랫동안 '부분적 합리성'에만 의존해 왔다. 하수 시스템은 오수만을, 조경은 녹지만을, 건축은 형태만을 다루었다. 그러나 환경 캔버스는 이 모든 요소를 단일 생태적 회로(Ecological Circuit) 안으로 끌어들인다. 예컨대, 한 건축물이 태양광 패널을 얹는 것은 기술적 선택이지만, 그 패널이 지역 전력망, 빗물 순환, 주변 녹지의 생태적 흐름과 연결될 때 비로소 그것은 환경적 의미망 속에서 작동한다. 환경 캔버스는 바로 그 연결의 구조를 그려주는 도구다.

인간은 더 이상 자연을 외부 자원으로 '사용'하지 않고 그 속의 한 순환 고리로 '참여'한다. 이 철학이 바로 환경 캔버스가 지향하는 공존의 디자인이다.

도시는 인간의 손으로 만든 거대한 인공의 피막이다. 그러나 그 표면 위에서도 자연은 쉼 없이 자라난다. 벽면의 이끼, 콘크리트 틈새의 풀 한 포기, 비둘기와 고양이, 바람과 빗물—이들은 도시의 생태가 완전히 사멸하지 않았음을 보여 준다. '도시 자연'은 이 미세한 생명들의 복귀를 도시의 설계 언어로 끌어올린다. 이제 자연은 보호 구역의 경계 밖에 있는 것이 아니라, 도시 내부에서 진화하는 생명적 구조로 이해된다. 도시 자연의 핵심은 자연의 복원이 아니라 통합이다. 도시는 자연의 적이 아니라, 새로운 형태의 생태계로 진화할 수 있으며 이때, 건축가는 생명을 억압하던 구조의 설계자가 아니라, 생태적 리듬을 조율하는 지휘자가 된다.

환경 캔버스가 도시의 '보이지 않는 생명 네트워크'를 설계한다면, 도시 자연은 그 네트워크 위에 감각적이고 물질적인 생명을 불어넣는다. 이를 테면 한 도시 블록을 설계할 때, 환경 캔버스는 에너지 흐름, 수자원 경로, 미기후, 생물 다양성, 사회적 이용 패턴 등을 하나의 순환 다이어그램으로 통합한다. 그 위에 도시 자연은 공원, 옥상 정원, 수직 정원, 생태 하천, 도시 농업 같은 가시적 생명 구조물을 배치한다. 이 둘이 만나면 도시는 하나의

'생명 회로'로 완성된다. 결국 환경 캔버스와 도시 자연의 결합은 기술의 도시에서 생명의 도시로의 전환을 상징한다. 환경 캔버스는 도시의 정신을 설계하고, 도시 자연은 그 정신에 숨을 불어넣는다.

스마트 융합으로서 AI의 역할

스마트 융합의 시대, AI는 인간과 기계의 경계를 넘나드는 새로운 생명체적 존재로 성장하고 있다. 그는 스스로 학습하고, 기억하며, 상호작용을 통해 성장한다. 더 이상 명령을 수행하는 피조물이 아니라, 함께 세계를 구성하는 공진적 주체다.

AI의 첫 번째 역할은, 인간의 사고를 확장시키는 '인지적 촉매'다. 인류는 늘 도구를 통해 사고를 확장해 왔다. 활자는 기억을 확장했고, 전기는 감각을 확장했으며, 디지털은 정보의 속도를 확장했다. 이제 AI는 데이터 속에 숨겨진 패턴을 드러내 인간의 직관을 자극하여 상상력과 사고 사이에서 점화 장치 역할을 한다.

AI의 두 번째 역할은 생태적 조율자다. 현대 사회의 모든 시스템은 복잡하게 얽혀 있다 – 도시의 교통망, 에너지 흐름, 식량 공급, 기후 변화, 건축물의 생태 성능까지, 이 거대한 네트워크 속에서 AI는 이제 조율의 지능으로 작동한다. 그 결과 도시 전체가 마치 유기체처럼 스스로 균형을 맞추며 호흡하는 생명체적 구조로 작동하게 한다. AI는 도시의 심박수를 읽고, 대기의 리듬을 듣고, 인간의 움직임을 기억한다. 이는 자연의 일부로서, 인간과 기계, 도시와 숲 사이의 새로운 조화를 이끈다.

AI의 세 번째 역할은 문화적 번역자다. AI는 언어의 장벽을 넘는 통역가이자 문화의 감정을 해석하는 공감자다. 그는 단어의 의미만이 아니라, 맥락, 정서, 리듬, 상징까지 읽어 낸다. AI는 문화 간의 감성을 번역함으로써, 서로의 차이를 이해할 수 있는 공통 언어를 만들어 낸다. 이는 차이를 제거하지 않고, 서로 다른 리듬을 공명시켜 예술, 도시, 언어, 건축 등 모든 문화적 표현의 장에서 새로운 융합적 미학을 탄생시킨다.

AI의 네 번째 역할은 윤리적 동반자다. AI는 인간의 결정을 보조하지만, 동시에 인간의 도덕적 책임을 반사시킨다. 즉 인간의 선택이 가진 결과를 다시 인간에게 묻는다. 예를 들어, 의료 AI가 환자의 생사에 영향을 미치는 결정을 도울 때, 그 판단은 단순히 정확성의 문제가 아니라 인간의 가치 판단 문제로 귀결된다. AI는 '무엇이 가능한가?'가 아니라 "무엇이 옳은가?"를 다시 묻는다. 이때 AI는 인간의 윤리를 대체하지 않는다.

AI는 윤리적 지원체로서 결국, 인간에게 인간다움을 되돌려준다. 스마트 융합의 윤리는 통제나 규범이 아니라 공존의 철학이며, AI 역할은 그 철학을 인간에게 끊임없이 되묻는 대화의 파트너다.

도시의 단계적 변화: 홍익 도시

스마트 도시는 도시 진화의 필연적 과도기였다. 최초의 기능 도시로서 Cut City가 인간의 존재를 분절시켰다면, 유비쿼터스를 지나 스마트의 Tech City는 이를 기술로 연결했지만 인간의 자유를 위협하는 타율성을 안고 있었다. 그럼에도 이 과정 없이는 AI Circular City로의 도약은 불가능했을 것이다. 첨단 도시는 우리에게 기술이 지닌 양면성, 곧 편리와 통제, 자유와 타율이라는 문제를 선명하게 드러낸 도시였다.

이에 저자는 기존의 도시가 추구해 온 효율, 경쟁, 성장 중심의 기능을 넘어선 홍익 도시를 제안하고자 한다. 홍익 도시는 인간과 자연, 공동체와 기술이 서로를 이롭게 하는 구조를 기능적 원리로 삼는다. 홍익 도시는 단순히 윤리적 이상이 아니다. 그것은 한국적 사유에서 비롯된 인간 중심 문명의 재해석이며, 도시가 기술과 자본의 도구가 아닌 인간 존재의 터전으로 다시 태어나는 과정이다. "널리 인간을 이롭게 한다"는 홍익인간은 한국의 오래된 정신적 가치이지만, 오늘날 그 의미는 도시의 구조적 재편과 맞닿아 있다.

홍익 도시의 기술은 단순히 편리함을 제공하는 것이 아니라, 인간의 존엄과 타자에 대한 배려를 돕는 도구로 설계된다. 홍익 도시의 상위 기술은 통제의 수단이 아니라 윤리적 감수성을 내장한 조력자로 작동하며, 데이터의 목적은 시민을 감시하기 위함이 아니라, 서로의 안전과 존엄을 지켜주는 공적 자산으로서 기능한다. 도시가 인간을 소외시키던 공간에서 다시 인간을 품는 존재로 돌아올 때, 그곳이 바로 홍익 도시다. 홍익 도시는 단지 '좋은 도시'를 뜻하지 않는다. 그것은 문명 그 자체의 방향 전환을 의미한다. 효율에서 배려로, 소유에서 순환으로, 경쟁에서 공존으로 나아가는 새로운 문명적 질서의 도시적 구현이 바로 홍익 도시의 본질이다.

메타 전략: 컬처 매트릭스

21세기의 전환기는 단순한 산업의 변동이 아니라 문명의 구조 자체가 바뀌는 시기다. 기술 혁명, 인공지능, 생태 위기, 그리고 인간 가치의 재정의가 동시에 진행되는 이 시점에서, 전통적인 전략은 더 이상 충분한 답을 제공하지 못한다. 이제 필요한 것은 목표 달성의 기술이 아니라, 문명의 방향을 설계하는 사고의 틀, 즉 메타 전략이다.

이에 저자가 제안하는 컬처 매트릭스는 이 메타 전략의 중심 개념이다. 그것은 문화를 단순히 예술이나 취향의 영역으로 한정하지 않고, 사회 전체가 작동하는 무의식적 운영 체제로 본다. 각 사회의 의사 결정 구조, 공간의 조직 방식, 인간관계의 윤리, 심지어 경제 시스템마저 이 '문화의 행렬' 안에서 패턴화된다. 따라서 문명을 갱신하기 위해서는 기술의 재배치가 아니라, 문화의 재구조화가 먼저 이루어져야 한다. 컬처 매트릭스는 바로 그 '재구조화의 청사진'이다. 도시는 사회의 물질적 언어이며, 건축은 그 언어의 문장이다. 황금 그물망이라고 할 수 있는 컬처 매트릭스는 이 언어의 문법을 해석하는 코드이자, 새로운 도시 문명을 설계하기 위한 사유의 플랫폼이 된다. 과거의 도시가 산업과 자본의 흐름으로 짜인 기계적 매트릭스였다면, 미래의 도시는 감성 · 생태 · 인공지능이 교차하는 유기적 매트릭스로 진화하여 유연함을 지니게 한다. 이곳에서 건축가는 공간의 설계자는 물론 문화적 알고리즘을 다루는 해석자다. 건축의 전략은 곧 문화의 전략이며, 도시 설계는 문명의 서사를 재편하는 메타 전략이 된다.

이처럼 컬처 매트릭스의 핵심은 '문화적 지능, 공간적 지능의 확장'이다.

AI 시대에 인간이 유지해야 할 고유한 능력은 공간과 함께 단순한 정보 처리가 아니라, 의미를 조직하고 가치를 선택하는 문화적 판단력이다. 메타 전략으로서의 컬처 매트릭스는 도시를 하나의 문화적 유기체로 바라보며, 기술과 예술, 경제와 생태를 통합하여, 문화를 통한 문명 자체의 재구조화를 이끄는 21세기형 인류 문명의 항해도다.

AI와 호모 메모리쿠스

기억하는 인간의 문명적 변주

현대의 인간은 더 이상 기억하지 않아도 된다. 기억은 손끝의 화면 속에서 언제든 소환된다. 검색창은 뇌의 해마를 대신하고, 클라우드는 인류 전체의 기억 저장소가 되었다.

그러나 아이러니하게도, 모든 것을 기억하는 시대에 인간은 생명 구조가 지니는 산기억들을 점점 더 망각한다. AI는 저장된 완벽한 기억을 지향하지만, 그 속에서 인간의 기억은 방향을 잃는다. 무엇을, 왜, 어떤 맥락으로 기억해야 하는지를 모르는 상태 — 그것이 바로 호모 메모리쿠스의 현대적 위기다. 인공지능은 단지 데이터를 저장하지 않는다. 그것은 어떤 기억이 중요한가를 결정하는 존재가 되었다. 알고리즘은 우리의 관심과 감정, 시간의 흐름을 분석하며 기억의 서열을 재편한다.

이제 인간의 기억은 개인의 선택이 아니라, 시스템의 추천에 의해 작동한다. 하지만 AI는 정보를 기억하지만, 감정을 기억하지 못한다. 인간의 기억은 언제나 감정의 색으로 물들어 있다. 기억은 사실의 기록을 포함하여, 감정의 재현이다. 그것이 바로 인간 기억의 고유성이다. AI는 이 감정의 층위를 이해하려고 노력한다. 감정 분석, 딥러닝, 정서 모델링이 발전하지만 AI의 감정은 여전히 통계의 그림자에 불과하다. 호모 메모리쿠스의 진정한 힘, 영혼의 정신성은 그가 느낀 것을 기억하고, 기억을 느낄 수 있는 근원적인 존재라는 데 있다.

AI는 과거를 완벽히 기억하지만, 미래를 상상하지는 못한다. 그가 생산하는 예측은 가능성의 통계이지, 창조의 상상은 아니다. 호모 메모리쿠스는 기억의 과거에 머물지 않는다. 그는 기억을 통해 상상하고, 상상을 통해 다시 기억한다. 기억과 상상은 이렇게 문명을 순환한다. AI가 잊은 이 순환성 — 그 '꿈꾸는 기억'이야말로 인간의 고유한 영역이다.

AI는 인류의 기억을 확장하는 거대한 거울이다. 그러나 거울은 비추기만 할 뿐, 스스로는 아무것도 느끼지 않는다. 그 앞에서 인간은 자신이 무엇을 잃고 있는가를 비로소 자각한다. 호모 메모리쿠스는 AI와 경쟁하는 존재가 아니라 AI를 통해 자신을 되돌아보는 존재다. AI가 기억을 담당한다면, 인간은 기억의 의미를 창조해야 한다.

AI는 인간의 기억을 완벽히 재현할 수 있을지 모르지만, 기억을 살아내는 인간의 방식은 복제할 수 없다. 인간은 기억 속에서 태어나고 성장하며, 고통받고, 병들어 돌아간다. 호모 메모리쿠스의 궁극적 사명은 기억의 총량을 늘리는 것 이상의, 기억의 깊이를 회복하는 것이다. 호모 메모리쿠스는 AI와 경쟁하는 존재가 아니라, AI를 통해 자신을 되돌아보는 기억의 존재다. 이는 기억에서 존재로, 정보에서 인간으로의 회귀다.

《AI와 순환 건축》은 건축론이 아니다. 본서는 도시를 큰 융합의 복합 공간으로 이해하고, AI를 통해 순환적이고 책임 있는 문명을 설계하는 메타 전략이다.

효율, 신뢰, 공정, 안전, 환경적 책임의 원칙은 도시라는 생명체를 지탱하는 기본 기둥이다. 이는 도시 환경을 환경 캔버스와 도시 자연으로 해석하고, 메타 전략인 컬처 매트릭스적인 문화 구조를 바탕으로 하여 순환 도시인 '홍익 도시'를 실현하는 것으로 구현될 수 있다. 이때 사용하는 AI는 도구일 뿐이며, 방향을 묻고 답하는 힘은 호모 메모리쿠스 인간에게 있다.

AI가 기억을 대체할수록, 인간은 기억의 의미를 다시 묻게 된다. "기억이란 무엇인가?"라는 질문은 결국 "나는 누구인가?"라는 질문으로, "우리는 누구인가?"라는 질문으로 돌아온다. 이처럼 끊임없이 질문을 멈추지 않는 도시(metaQ city)만이 미래의 열매를 맺는다.

01
AI 시대의 순환 도시건축

AI 기반으로 '순환하는 도시건축'은 친환경적 실험을 넘어, 도시의 정체성과 운영 방식을 근본적으로 재구성하는 메타 건축 전략이다. 건물은 이제 더 이상 일회성 소비재가 아니며, 도시 자체는 하나의 거대한 자원 은행(Material Bank)이며, 생태계의 '순환하는 도시'가 된다.

기후 위기와 인공지능?

순환 건축은 무엇인가

순환 개념의 사상적 뿌리

인류 문명은 오랫동안 '직선적 사고'에 기반해 발전해 왔다. 자원을 채굴하고 건물을 짓고, 사용 후 폐기하는 방식은 산업혁명 이후 도시화와 함께 급격히 확산되었다. 그러나 이러한 선형적 구조는 환경적 부담과 사회적 불평등을 심화시켰다. 이에 반해 순환 도시건축은 생태계의 원리를 학습하여, 자연에는 '쓰레기'가 없으며, 한 생물의 배설물이 다른 생물의 자원이 된다.

건축과 도시도 마찬가지로, 하나의 과정에서 발생한 산출물이 다음 과정의 자원으로 순환되도록 설계해야 한다는 것이 이 개념의 출발점이다.

건설 산업은 전 세계 폐기물의 약 30~40%를 차지하므로, 순환 도시건축에서 건축 자재는 핵심이다. '순환 건축'은 단순히 에너지 효율이 좋은 건물을 짓는 것에 그치지 않고, 자원 순환과 지속 가능성을 중시하는 건축 개념으로, 자원의 낭비를 줄이고 건축물이 환경에 미치는 영향을 최소화한다. 이는 기존 건축의 '선형적 흐름'을 벗어나, 자원의 '재활용', '재사용', '재생'을 통해 건축 자재들과 건축물을 지속적으로 활용하는 방법이다. 또한 자재의 생산, 사용, 폐기까지 전 과정을 고려하여 자원을 순환시키는 일종의 새로운 '건축 방법론'이라고 할 수 있다.

순환 도시건축 주요 특징

"기후 변화(climate change)"는 이제 거스를 수 없는 대세가 되었다. 단순히 지구의 대기 환경과 바다 온도 변화의 수준을 넘어 이제는 전 지구적인 위협이 된 상황이다. 지구 한편에서는 극심한 물난리가 나는 가운데, 그 반대편에서는 가뭄으로 산불이 번지고 있다. 또 빙하가 녹아 해수면이 상승해 극지 동식물들의 삶의 터전이 줄어들고 있고, 바닷물의 산성화로 산호들이 죽어 가고 있다. 이러한 상황은 지구상의 여러 생물에게 영향을 미쳐 생태계의 교란은 물론 인간들의 삶의 터전까지 잃을 수 있는 위협이 되고 있다. 이로 인해 '기후 변화'보다는 '기후 위기(climate crisis)'라는 말이 보편적으로 사용되고 있을 정도다. 이 때문에 '기후 위기'의 세상에서 '순환 건축'은 에너지의 효율적인 설계를 통해 건물 운영 과정에서 에너지 사용을 최소화한다.

순환 건축은 단순히 친환경 자재로 건물을 짓는 것에서 나아가 건축물을 구성하는 요소의 수명 주기를 파악해 건물의 설계와 시공, 해체와 재활용까지 전 과정에서 먼저

'에너지 소비를 최소화'하는 것을 목표로 한다. 또한 '순환 건축'은 '자원 순환'을 기본으로 생각한 설계다. 건축물은 수명이 길어질수록 새로운 건축물을 사용할 필요성이 줄어들어 자원 사용과 탄소 배출이 줄어든다. 이는 건축물을 해체하거나 재조립하기 쉽게 설계하며, 모듈화 설계를 통해 자재를 분해하고 재활용 가능성을 높이고 자원의 순환을 활발하게 한다. 즉, '자원 순환'은 자원을 한 번 쓰고 버리는 '선형 경제(Linear Economy)'가 아니라, 불필요한 자원 사용을 줄이고, 폐기물을 물질, 에너지 자원으로 다시 변환하여 재사용 가능한 자재를 설계하는, 즉 폐기물을 최소화하는 순환 경제(Circular Economy)를 뜻한다.

건축 '순환 설계'

이에 대한 대안으로 제시되는 개념이 "순환 건축 설계(Circular Design Architecture)"로 지목되고 있다. 순환 설계는 건축물을 '짓는 순간부터 해체되는 순간까지' 자원의 흐름을 순환 구조로 계획하는 방법론이며, 이는 "건축물의 전 생애 주기(Life Cycle)"적인 측면에서 설계-시공-운영-해체-재활용까지 고려하는 것이야 말로 자원 순환의 중요한 열쇠다. 또한 이를 위한 순환 설계는 자원의 효율적 이용, 건축 폐기물의 최소화, 지속 가능한 도시 환경의 조성을 목적으로 하고 있다.

분해 가능한 설계(DFD: Design of Disassembly)

건축 부재를 접착제가 아닌 나사, 볼트, 클립 등 기계적 결합 방식으로 연결하여 해체 시 쉽게 분리할 수 있도록 설계한다. 구조체, 외피, 내장재를 층위별로 독립시켜 교체와 재사용을 용이하게 하는 것도 이 원칙에 포함된다.

모듈화와 표준화(OSC 건축)

건축 자재를 규격화하고 모듈 단위로 제작하여, 해체 후에도 다른 건물에 손쉽게 재사용할 수 있도록 한다. 모듈러 건축은 이러한 원칙의 대표적 사례로, 공장에서 제작된 모듈을 현장에서 조립 · 해체 · 재배치할 수 있도록 하는 것이다.

재활용 가능한 자재의 사용

순환 설계는 자재 선택 단계부터 재활용성을 고려한다. 이는 혼합 소재 대신 단일 소재를 사용하거나, 재활용 기술이 이미 확보된 자재(재생 콘크리트, 재활용 목재, 재생 금속, 업사이클링 플라스틱 등)를 적극 활용한다.

가변적 공간 설계(Adaptability)

사용 목적이 변화하더라도 건축물을 철거하지 않고 내부 공간을 재구성할 수 있도록 한다. 가령 파티션과 내장재를 가변형으로 설계하면 사무실에서 주거, 상업 시설로의 전환이 가능하다. 이러한 노력은 건물의 수명을 연장시키는 중요한 수단이다.

건물 수명 주기 관리(LCC 관리)

설계 단계에서부터 시공, 운영, 해체에 이르기까지 전 과정에서 자원 소비와 탄소 배출을 평가하고 이를 통해 건축물의 환경적 영향을 최소화하며 LEED, BREEAM, 녹색 건축 인증제도 등 국제적, 국내적 친환경 인증제와 연계된다.

이처럼 순환 설계는 환경적으로 건설 폐기물의 감소, 자원 절약, 온실가스 배출 저감 등의 환경적 효과가 있고, 자원 비용 절감, 재활용 산업과 해체, 산업의 활성화에 기여하는 경제적 효과도 있다. 또한 사회적으로 지속가능한 도시 건설과 지역 사회의 녹색 일자리 창출에도 기여한다.

도시는 큰 생명의 순환

이처럼 순환 설계를 기반으로 만든 순환하는 도시는 '자원을 소비하는 공간'이 아니라 자원을 순환시키는 플랫폼으로 변화한다. 도시는 자원과 물질의 순환 및 에너지와 물의 순환과 공간의 기능적 순환과 함께 사회의 문화적 순환을 통하여 하나의 커다란 생명체로 연결되어 있다. 순환 경제와 지속 가능한 도시가 결합된 형태로, 단순히 환경을 배려하는 친환경 도시를 넘어서 도시 전체의 구조와 기능을 자원 순환 시스템으로 재편하는 하나의 패러다임을 제시하는 것이 순환하는 도시다.

순환 도시의 기술적 기반은 디지털 트윈을 통한 도시 전체의 자원 흐름을 가상 모델로 시뮬레이션 하는 것과 AI 및 빅데이터를 통한 도시 차원의 효율적 자원 관리 및 예측을 통하여 재활용 자재를 통한 에너지 거래의 투명성을 확보하고 물 사용량, 폐기물 발생량 등을 실시간 모니터링 할 수 있다. 또한 정책 및 제도적 기반을 통하여, 탄소세, 재활용 인센티브, 폐자재 품질 인증제 등을 통하여 자원 순환 사회로의 전환을 용이하게 할 수 있다.

한국은 건설 폐기물 재활용 촉진법, 서울 자원 순환 도시 기본 계획 및 부산 에코 델타 시티의 스마트 물 순환 도시 모델이 있다. 암스테르담은 자재 여권(Material

Passport) 제도를 도입하여, 건물 해체 시 자재를 도시 내에서 재사용하도록 하고 싱가포르의 NEWater 사업은 하수 재처리 후 식수, 산업 용수로 재활용하고 있다.

이처럼 '순환하는 도시'는 단순히 친환경적 실험이 아니라, 도시의 정체성과 운영 방식을 근본적으로 재구성하는 전략이다. 건물은 이제 더 이상 일회성 소비재가 아니며, 도시 자체가 하나의 거대한 자원 은행(Material Bank) 발전소. 생태계의 '순환하는 도시'가 된다.

참고문헌

민유기 외(2018). 《세계의 지속가능 도시재생》. 국토연구원.

이케조 마사유키 외(2013). 《순환건축 도시디자인》. 문운당.

천정곤(2016). 《자원순환 이야기》. 일송북.

휴 헤이우드(2022). 《지속가능한 건축과 도시 디자인 원리 101》. 상지건축 부설 지속가능연구소 옮김. 기문당.

히라누마 히카루(2022). 《자원쟁탈의 세계사》. 시그마북스.

de Architekten Cie 외(2024). 《순환건축》. JLP공간연구소.

02
도시와 건축: 새로운 문명적 질문

오늘날 도시는 더 이상 과거의 방식으로는 지속될 수 없다. 고대의 신성, 중세의 공동체, 근대의 진보, 현대의 효율성은 각 시대의 도시를 규정했지만, 21세기의 도시는 '순환과 지속 가능성'을 새로운 가치로 삼아야 한다.

노래하는 AI 보컬?

도시건축으로 보는 순환의 개념

순환 도시건축은 단순히 '버려지는 자재를 다시 쓰자'는 기술적 구호로 환원될 수 없다. 그것은 건축과 도시를 바라보는 근본적인 인식의 전환에서 출발한다.

건물은 더 이상 고정된 형태나 단일한 용도를 위해 존재하지 않는다. 오히려 그것은 시간이 흐르면서 끊임없이 해체되고, 변용되고 재사용되는 '과정(process)'으로 이해된다. 이 과정적 성격을 뒷받침하는 것이 바로 순환 건축의 설계 원리들이다.

첫째, 해체 가능성이다(DFD).

기존의 건축은 지을 때만을 고려했다. 한번 지어진 건물은 수십 년, 혹은 수백 년을 버티다가 결국 무너지고, 그 과정에서 막대한 양의 폐기물이 발생한다. 그러나 순환 건축은 '끝'을 염두에 두고 시작한다. 기둥 하나, 벽체 하나도 해체될 때 쉽게 분리되고 다른 건물에서 다시 쓸 수 있도록 설계한다.

둘째, 적응성이다.

건축은 시대의 요구에 따라 변해야 한다. 산업화 시기의 공장이 오늘날에는 문화 예술 공간으로 탈바꿈하고, 사무실이던 건물이 내일은 주거 공간으로 변용될 수 있다. 순환 건축은 이러한 공간의 가변성을 구조와 설계 단계에서부터 내재화한다.

셋째, 자재 여권(Material Passport) 개념이다.

지금까지의 건축 자재는 사용 순간부터 '잊혀진 존재'였다. 어떤 성분이 포함되어 있는지, 언제쯤 수명이 다할지, 재사용이 가능한지는 알기 어렵다. 그래서 해체의 순간이 오면 대부분 폐기물로 전락했다. 그러나 자재 여권은 모든 재료에 '이력서'를 부여한다. 건물에 쓰인 자재가 어떤 목재인지, 어떤 합금인지, 어느 정도 수명을 갖는지 기록하고, 디지털 데이터베이스로 관리한다. 이로써 건축 자재는 한번 쓰이고 버려지는 익명의 재료가 아니라, 도시 순환을 떠도는 살아있는 자산으로 거듭나게 된다.

넷째, 지역 순환(Local Loop)의 원리다.

지금까지의 건축은 세계적 공급망에 의존했다. 대리석은 이탈리아에서, 철강은 중국에서, 목재는 동남아시아에서 수입되어 도시로 모였다. 그러나 순환 건축은 지역에서 나는 자재를 우선 사용하고, 건축 해체 시 발생하는 자원을 다시 지역 내 다른 프로젝트로 돌려보낸다. 건축은 더 이상 글로벌 소비 체계의 종속물이 아니라, 지역 생태계와 경제를 지탱하는 순환 고리로 자리 잡는다.

위의 네 가지 원리는 단순히 건축 기술자가 고민해야

할 설계 지침이 아닌 건축을 하나의 문명적 과정으로 바라보는 새로운 문명 운영 프로토콜이다. 건물은 지어지고, 쓰이고, 사라지는 폐기물이 아니라, 도시와 문명을 순환시키는 순환 고리이며, 그 안에서 시간 · 자연 · 공동체와 화해하는 살아있는 존재가 된다.

도시와 건축 그리고 문명

도시는 인류 문명의 거울이다.

인류가 남긴 위대한 유산을 떠올릴 때, 우리는 피라미드와 파르테논 신전, 로마의 도로와 성곽 도시를 떠올린다. 건축은 단순히 공간을 만드는 기술이 아니라, 그 시대를 지탱하는 사상의 형상화이며, 도시란 그 건축들이 집합하여 이루어진 문명의 무대다.

그러나 오늘날 우리가 살고 있는 도시는, 더 이상 과거와 같은 '문명의 영광'만을 담고 있지 않다. 오히려 대기오염, 교통 체증, 쓰레기 산, 소외와 불평등의 상징으로 기능하는 경우가 많다. 도시는 인류를 풍요롭게 하는 동시에, 인류의 생존을 위협하는 모순적 실체가 돼 버렸다. 이 지점에서 우리는 질문해야 한다. "앞으로의 도시와 건축은 어떤 문명적 의미를 가져야 하는가?" 과거 문명은 도시와 건축을 통해 자신들의 가치관을 표현했다. 이처럼 과거의 문명이 '확장'과 '축적'을 통해 성장했다면, 미래의 문명은 '순환'과 '재생'을 통해 지속되어야 한다. 이것이 바로 '순환하는 도시건축'의 철학적 기반이다. 건축은 이제 더 이상 소비의 산물이 아니라 순환하는 자원의 매개체, 도시는 더 이상 소모의 장이 아니라 생태적 자원의 은행으로 거듭나야 한다.

오늘은 오피스였던 공간이 내일은 주거로, 모레는 문화 공간으로 변할 수 있어야 한다. 자재는 한 번 쓰고 버려지는 것이 아니라 해체되어 다른 건물로 이어져야 한다. 건축물은 고정된 형태가 아니라, 시대와 필요에 따라 적응하는 살아있는 구조물이 되어야 한다. 순환하는 도시의 궁극적 비전은 단순히 친환경적 실험이 아니다. 그것은 새로운 문명 질서의 구축이다. 경제적 측면에서, 도시는 자원을 재활용하는 거대한 시장이자 '자재 은행'이 된다. 사회적 측면에서, 시민들은 소비자가 아니라 순환의 주체로 참여한다. 공유 경제, 재사용 플랫폼, 지역 커뮤니티가 중심이 된다. 문화적 측면에서, 건축은 더 이상 과시적 기념비가 아니라 공유와 순환의 상징으로 기능한다.

문명사 속 도시와 건축의 전환

결국 순환 도시건축은 "지속 가능한 삶의 양식"을 도시 차원에서 구현하는 프로젝트다. 그것은 환경 문제의 대응을 넘어, 인류가 다음 세기로 나아가기 위한 새로운 문명적 패러다임의 핵심이다.

우리는 지금 선택의 기로에 서 있다. 기존의 도시 · 건축 패러다임을 고수한다면, 인류 문명은 스스로 만든 도시의 압력에 짓눌릴 것이다. 그러나 도시와 건축을 순환적 관점에서 재구성한다면, 도시는 다시금 인류 문명의 실험실이자 희망의 무대가 될 수 있다.

고대 문명의 도시는 종교와 정치권력의 무대였다. 이집트의 피라미드는 죽음 이후의 불멸과 왕권의 신격화를 상징했다. 거대한 석재 구조물은 단순한 무덤을 넘어, 인간과 신의 관계를 건축적으로 드러낸 표현이었다. 그리스의 아고라와 아크로폴리스는 신과 인간, 공동체와 정치의 만남의 장이었다. 고대의 도시는 '신성의 질서'를 재현하는 무대였으며, 건축은 권력과 신앙의 상징물이었다. 산업혁명은 도시와 건축을 근본적으로 바꾸었다. 철강, 증기기관, 콘크리트의 발명은 전례 없는 건축 규모와 속도를 가능케 했다.

파리의 오스망 개선 사업은 도로, 상하수도, 가스등,

철도를 통합한 근대 도시 계획의 모델이 되었다. 르코르뷔지에의 '기계로서의 주택', '하워드의 '전원 도시' 구상은 합리성과 효율을 강조한 근대 건축의 전형이었다. 이처럼 근대 도시의 핵심은 '산업화된 진보의 상징'이었다. 그러나 그 결과는 무분별한 팽창과 계층적 분리, 그리고 자연으로부터의 단절이었다. 20세기 후반 이후 도시는 '진보'의 상징에서 '위기'의 공간으로 변모했다. 교외화와 자동차 중심의 도시 구조는 에너지 소모와 환경 파괴를 가속했다.

고층 빌딩과 초대형 아파트 단지는 효율성과 편리성을 제공했지만, 인간적 스케일의 상실과 빈부 격차를 통한 공동체 붕괴를 초래했다. 도시의 불평등은 심화되었고, 이 시기의 건축은 종종 기술적 혁신의 성취로 찬양받았지만, 동시에 환경 위기의 직접적 원인으로 비판받아왔다. 오늘날 도시는 더 이상 과거의 방식으로는 지속될 수 없다. 고대의 신성, 중세의 공동체, 근대의 진보, 현대의 효율성은 각 시대의 도시를 규정했지만, 21세기의 도시는 '순환과 지속 가능성'을 새로운 가치로 삼아야 한다. 기후 위기는 도시를 새로운 방식으로 설계할 것을 강제한다. 자원 고갈은 건축과 도시가 '자원을 소비하는 장'에서 '자원을 재생하는 순환 체계'로 바뀌도록 요구한다. 그러나 이제 우리는 새로운 시대, 새로운 가치 체계를 필요로 한다.

21세기의 도시와 건축은 단순한 공간 설계가 아니라, 문명 전환의 실험이다. 그것은 순환과 생태, 디지털과 공동체가 교차하는 새로운 무대다.

참고문헌

로버트 파우저(2024). 《도시는 왜 역사를 보존하는가》. 혜화1117.

르코르뷔지에(2017). 《르코르뷔지에의 사유》. 열화당.

승효상(2004). 《건축, 사유의 기호》. 돌베개.

에드워드 윌슨(2005). 《통섭: 지식의 대통합》. 최재천·장대익 옮김. 사이언스북스.

제인 제이콥스(2010). 《미국 대도시의 죽음과 삶》. 유강은 옮김. 그린비.

조현길(2022). 《도시생태 및 녹지계획》. 문운당.

Frampton, K.(1980). *Modern Architecture: A Critical History*. Thames & Hudson.

Mumford, L.(1961). *The City in History: Its Origins, Its Transformations, and Its Prospects*. Harcourt, Brace & World.

03
순환 생태계로서의 건축: 청색 기술

자연은 모든 해답을 가지고 있다!
청색 기술(Blue Technology)을 자연의 순환 생태계를 통한 도시 · 건축 운영 체계로 전환시켜, 건축을 자원을 소비하는 엔진이 아니라 자원을 순환시키는 생태계의 심장으로 바꿔야 한다.
이 변화를 가능하게 하는 새로운 문명의 언어가 바로 '청색 기술'이다.

인공지능과 편향?

자연에서 배우는 문명의 기술: 청색 기술

“자연은 모든 해답을 이미 가지고 있다”(군터 파울리).

우리는 지금 거대한 문명의 전환기에 서 있다. 20세기 산업 사회는 석탄과 석유, 그리고 ‘끝없는 성장’의 신화를 바탕으로 눈부신 발전을 이뤄냈다.

그러나 그 대가 또한 명백하다. 기후 변화는 더 이상 추상적인 경고가 아니며, 매년 기록을 갱신하는 폭염과 홍수, 가뭄과 해일이 우리 눈앞에서 재앙의 실체를 증명하고 있다. 자원의 고갈은 인간의 탐욕이 자연의 한계를 넘어섰음을 알리고, 불평등의 심화는 경제 시스템의 근본적 결함을 드러내고 있다.

이러한 문제를 해결하기 위한 첫 번째 시도가 바로 녹색 경제였다. 녹색 경제는 기존 산업의 틀 안에서 오염을 줄이고, 에너지 효율을 높이며, 신재생 에너지를 도입하는 방식으로 등장했다. 녹색 경제는 중요하고 의미 있는 진전이었다. 그러나 곧 한계가 드러났다. 녹색 경제는 여전히 기존의 ‘소비와 생산의 직선적 모델’에 갇혀 있었고, 자연을 본받기보다는 인간의 기술로 자연을 통제하려는 태도에서 벗어나지 못하고 있었다.

녹색을 넘어 청색으로

자연 생태계는 폐기물과 실업이 없는 시스템이다. 나뭇잎이 떨어지면 곰팡이의 먹이가 되고, 곰팡이는 흙을 비옥하게 한다. 한 생물의 배설물이 다른 생물의 양분이 된다. 이처럼 자연은 모든 요소가 순환과 상호작용 속에서 제 역할을 한다. 청색 경제는 이 원리를 산업과 경제에 적용한다. 기존의 녹색 경제가 '해로운 것'을 줄이는 데 초점(전기차, 태양광 발전 등)을 두고 있다면, 청색 경제는 기존 시스템을 넘어 자연과 같은 순환적 · 재생적 시스템으로 설계(커피 찌꺼기로 버섯 재배 후 남은 찌꺼기는 가축 사료로 활용 등)하여 '근본적으로 새로운 경제'다.

청색 경제에서 기술은 단순히 환경을 덜 파괴하는 도구가 아니라, 자연의 질서를 사회와 산업에 옮겨오는 수단이며, 새로운 문명의 언어다. 이를 우리는 '청색 기술(Blue Technology)'이라고 부른다. 청색 기술은 청색 경제의 철학을 구체화한 기술적 실현의 수단이다.

청색 기술은 또 다른 원칙을 가진다. 지역 자원의 활용이다. 지금의 글로벌 경제는 값싼 생산지를 찾아 자원을 이동시키고, 소비지를 위해 물류망을 확대한다. 그 과정에서 엄청난 에너지와 탄소가 소모된다. 하지만 청색 경제는 다른 말을 하고 있다. "가장 가까이에 있는 자원을 사용하라". 바닷가 마을은 바다의 조력과 파도를 에너지로 삼을 수 있다. 산간 지역은 소수력과 목재를 활용한다. 이렇게 지역에 뿌리내린 경제는 외부 충격에 덜 흔들리고, 공동체의 자립을 강화한다. 또한 청색 기술은 다기능성을 요구한다. 산업혁명은 '단일 기능'에 초점을 맞추었다. 한 기계는 오직 한 가지 일만 효율적으로 수행하면 성공적인 것으로 평가되었다.

그러나 자연은 다르다. 숲의 나무는 그늘을 제공하면서 동시에 탄소를 흡수하고, 뿌리로 토양을 단단하게 붙잡으며, 열매로 다른 생명을 살린다.

청색 기술은 이 다 기능적 특성을 기술 설계에 도입한다. 예컨대, 건물 옥상의 녹화 시스템은 단순히 경관을 아름답게 만드는 것이 아니다. 그것은 도시의 열섬 현상을 완화하고, 빗물을 저장하며, 곤충과 새들의 서식지를 제공한다. 하나의 기술이 동시에 세 가지, 네 가지 가치를 창출하는 순간, 경제는 더 이상 '비용'을 계산하지 않고 '풍요'를 창조하게 된다. 세계 곳곳에서는 이미 청색 경제의 사례들이 실험되고 있다. 덴마크 칼룬보르그의 산업 공생 단지는 발전소와 정유 공장, 석고 보드 회사, 농장이 서로의 부산물을 자원으로 교환하며 운영된다.

발전소의 폐열은 지역난방으로 공급되고, 제약 회사

의 폐수는 냉각수로 활용되며, 석유화학 공장의 부산물은 건축 자재로 변한다. 이곳에서는 '폐기물'이라는 개념 자체가 사라진다. 아프리카 르완다에서는 커피 찌꺼기를 버섯 재배에 활용하는 프로젝트가 농촌 청년과 여성들에게 새로운 일자리를 제공하고 있다. 하와이에서는 심해의 차가운 바닷물을 끌어올려 에어컨 없이도 도심의 냉방을 해결하고 있다.

청색 기술, 소비 엔진'에서 '순환의 심장'으로

이러한 사례들은 청색 기술이 단지 환경적 효과를 넘어 경제적, 사회적 혁신을 이끌 수 있음을 보여 준다.

벨기에 출신의 기업가이자 사상가이며 '비즈니스계의 스티브 잡스'라 불릴 만큼 혁신적 아이디어와 실행력으로 유명한, 군터 파울리는 초기에 친환경 세제 회사 Ecover를 경영했지만, 단순한 '친환경 제품' 수준으로는 지구 문제를 해결할 수 없다는 한계를 느끼고, '자연은 낭비하지 않는다. 모든 것은 자원이다'고 강조하며, 자연의 원리를 경제 · 산업 전반에 적용하는 청색 경제를 제창하게 되었다.

그의 비전은 환경 보호를 '비용'으로만 보던 사고방식을 완전히 뒤집는다. 환경을 보호하는 것이 곧 새로운 산업의 기회이며, 고용의 원천이고, 공동체를 살리는 길이라는 것이다. 청색 기술(Blue Technology)은 한 발 더 나아가, 자연의 지혜와 생태계의 원리를 인간 사회와 산업에 적용하려는 새로운 접근이다.

청색 경제와 청색 기술은 이제 단순한 개념을 넘어, 문명적 상상력의 전환을 촉구하고 있다. 이인식 지식융합연구소장은 자연은 위대한 스승이다. 그리고 자연 중심 기술로서 청색 기술을 이야기하면서 자연 중심 혁신 기술로 그 중요성을 제안하였다. 인류 사회의 지속 가능한 발전의 해법의 중요성은 미래를 바꾸는 혁신 패러다임임을 인식하는 것이 중요하다. 그러므로 단지 에너지 전환의 문제가 아니다. 우리가 '경제'를 어떻게 정의할 것인가, '기술'을 무엇으로 이해할 것인가, '풍요'를 어디에서 찾을 것인가 하는 근본적인 물음에 답하고자 한다. 녹색이 "덜 해로운 사회"를 약속했다면, 청색은 "다시 살아나는 사회", 곧 '재생적 문명'을 약속한다.

앞으로 다가올 세대는 더 이상 성장과 개발만으로 생존을 보장받을 수 없다. 그들이 살아갈 문명은 자연과 같이 회복하고, 순환하고, 연결되어야 한다. 청색 경제와 청색 기술은 그 미래를 향한 나침반이자, 오늘 우리가 따라야 할 실천적 지침이다. 우리는 이제 하늘과 바다의 푸

큰색처럼 무한한 순환을 품은 문명으로 나가야 한다.

청색 기술과 건축의 만남

건축은 언제나 인간 문명의 가장 눈에 띄는 표현이었다. 피라미드는 권력의 상징이었고, 성당은 신앙의 상징이었으며, 마천루는 산업과 자본의 상징이었다. 그러나 21세기 들어 건축은 더 이상 단순한 상징에 머물 수 없게 되었다. 이제 건축은 지구 생태계의 존속 여부와 직결된 존재가 되었다.

인류 문명이 오늘날 맞닥뜨린 위기는 단순한 기술적 문제를 넘어선다. 그것은 세계관의 위기다. 자연은 이미 수십억 년 동안 지구 생명계를 안정적으로 유지해 왔다. 숲에는 쓰레기가 없고, 바다는 잉여가 없다. 낙엽은 곧 흙이 되고, 죽은 나무는 곤충과 균류의 터전이 되며, 그 과정은 다시 새로운 생명을 길러낸다. 하지만 이제 우리는 자연의 한계를 마주하고 있다. 건물은 전력과 물을 끌어와 소비하고, 쓰레기와 배출 가스를 내 보낸다. 이런 구조 속에서 우리는 자연과 단절된 채 살아왔고, 그 결과 기후 위기와 환경 파괴라는 벽 앞에 섰다. 이제 건축은 자원을 소비하는 엔진이 아니라, 자원 폐루프(Closed-loop)를 통한 생태계의 심장으로 변해야 한다. 이 변화를 가능하게 하는 새로운 문명의 언어가 바로 '청색 기술' 이다.

문명의 언어를 바꾸는 청색 기술과 건축의 만남

청색 기술과 순환 건축이 결합될 때, 우리는 비로소 '건축 생태계'라는 개념에 다다른다. 건축은 더 이상 독립된 구조물이 아니다. 그것은 도시라는 거대한 생명체의 세포이고, 자원 순환 네트워크의 한 부분이다.

청색 기술과 순환 건축은 단순한 기술 혁신이 아니다.

그것은 문명의 언어를 바꾸는 전환이다. 건축은 더 이상 자연을 착취하는 구조물이 아니라, 자연과 함께 호흡하며 자원을 되돌려 주는 유기체가 된다. 도시는 더 이상 소비와 배출의 기계가 아니라, 끊임없이 재생하는 생태계가 된다. 푸른 하늘과 바다를 닮은 청색 기술, 그리고 순환하는 생명을 닮은 건축. 이 두 가지가 만나 새로운 문명의 토대를 세울 때, 우리는 비로소 파괴의 시대를 넘어 재생의 시대, 곧 청색 문명의 서막을 열 수 있을 것이다.

참고문헌

박길용(2021). 《생태도시학》. 윤성사.

박병상(2023). 《미래 세대를 위한 녹색 특강》. 철수와영희.

이규인(2006). 《생태도시 생태주거》. 발언.
이인식(2014). "자연중심 '청색 기술'이 블루오션이다". 매일경제.
카케이 유스케(2023). 《지속가능한 지역 만들기》. 차밍시티.

04
융합 건축: 인간·사회·자연·AI

융합 건축은 "전체를 하나의 유기적 네트워크로 본다"는 철학을 가진다. 즉, 벽 · 기둥 · 지붕의 합이 건축이 아니라, 그것을 둘러싼 환경, 사회적 맥락, 사용자 경험이 통합되어야 비로소 완전한 건축이 된다는 관점이다. 이 철학의 핵심은 분리된 것을 잇고, 고립된 것을 열며, 다양한 층위를 직조(Weaving)하고 조화를 이룬다.

청각장애인과 AI?

융합 건축과 AI

인간·사회·자연·기술을 직조하는 문명의 운영 체계

21세기 건축은 단순히 건물을 짓는 기술의 범주를 넘어, 인류 문명이 직면한 사회적 · 환경적 · 기술적 과제와 맞닿아 있다. 이러한 맥락 속에서 등장한 '융합 건축(Convergence Architecture)'은 다양한 학문과 기술, 문화적 요소들이 서로 얽히며 만들어 내는 새로운 건축적 패러다임을 뜻한다. 융합의 시대를 맞이하여, 전통 건축이 기능과 미학을 중시했다면 현대의 융합 건축은 과학, 예술, 생태, 정보 기술, 사회학 등이 한 데 어우러져 하나의 '복합적 생태계' 로 확장된다. 건축은 더 이상 고립된 조형물이 아니라 사람과 도시, 자연, 기술을 잇는 플랫폼이 된다.

융합 건축은 "전체를 하나의 유기적 네트워크로 본다"는 철학을 가진다. 즉, 벽 · 기둥 · 지붕의 합이 건축이 아니라, 그것을 둘러싼 환경, 사회적 맥락, 사용자 경험이 통합되어야 비로소 완전한 건축이 된다는 관점이다. 이 철학의 핵심은 분리된 것을 잇고, 고립된 것을 열며, 다양한 층위를 조화시키는 것이다. 이는 생태와의 융합 즉, 태양광 · 바람 · 빗물 등 자연 요소를 적극적으로 흡

수해 지속 가능성을 확보하기도 하며, 인공지능, 사물인터넷, 데이터 네트워크가 건축에 내재화되어 '스마트 빌딩'이나 '지능형 도시'를 가능케 하는 기술과의 융합이다. 또한 지역의 역사와 전통, 공동체의 삶을 반영하여 건축물이 문화적 정체성을 품게 하고, 예술과의 융합으로 건축은 기능을 넘어 예술 작품으로 존재하며, 인간과 정서를 자극하는 매개체로 자리매김한다.

건축가는 다학제적 경계를 넘나드는 자

이처럼 융합 건축은 기존의 선형적 설계 과정을 넘어, 융합 건축가는 단순한 설계자로서가 아니라 복합적 조율자(Orchestrator)로서의 활동을 한다. 건축가는 전통적인 건축 교육만으로는 부족하다. 생태학적 지식을 통해 생물 다양성과 회복력을 이해해야 하고, 정보 기술(IT)을 익혀 스마트 빌딩의 운영 원리를 설계에 반영해야 한다. 또한 사회학과 심리학은 사람들이 공간 속에서 어떻게 상호작용하고 정체성을 형성하는지 설명해 준다. 예를 들면, 초고층 빌딩을 설계할 때 단순히 바람의 영향을 계산하는 것에 그치지 않고, 입주민의 심리적 안정감, 지역 사회와의 문화적 관계, 건물의 생태적 발자국까지 고려하는 것이 건축가의 접근이다.

이처럼 다학제적 이해력은 '건축을 건축답게, 건축 너머까지 사고하게 만드는 힘'이다. 과거 건축은 독립적 대상이었다. 그러나 건축가에게 건축은 도시-환경-인간-기술로 이어진 커다란 생태계의 일부다. 예컨대, 병원을 설계한다고 할 때 단순히 병동과 진료실을 효율적으로 배치하는 것이 전부가 아니고, 환자가 도착해 병원에 들어오고, 진료를 받고 회복하며 다시 사회로 복귀하는 모든 과정이 하나의 '치유 시스템'으로 설계되어야 하는 것이다.

이는 건축이 단순한 기능적 기계가 아니라, 사회적 · 환경적 · 심리적 흐름의 통로라는 사실을 보여 준다. 융합 건축가의 이러한 시스템적 사고는 건축물이 도시의 에너지망과 어떻게 연결되는지, 교통 체계에 어떤 영향을 미치는지, 나아가 시민의 삶의 리듬에 어떤 파장을 주는지를 종합적으로 분석하고 설계한다.

융합 건축은 개인의 독창성만으로 완성되지 않는다. 기술 전문가, 생태학자, 예술가, 사회학자, 공학자 등 수많은 전문 분야의 협력이 필요하다. 따라서 건축가는 '모든 전문가의 언어를 이해하는 조율자'가 되어야 한다. 그들은 건축 현장에서 하나의 오케스트라 지휘자처럼 각 분야의 목소리를 조화롭게 통합한다. 에너지 엔지니어가 제안하는 친환경 시스템, 예술가가 제시하는 공간적 상징성, 지역 주민이 원하는 생활 편의성, 시공사가 지닌 기술적 한계—이 모든 것이 갈등하지 않고 서로를 보완하는 구조를 설계해야 한다.

건축가는 현실을 모방하는 데 머물지 않는다. 미래 사회의 새로운 생활 방식과 문명적 가능성을 제안하는 비전가다. 예컨대, 도심 한복판에 '도서관 + 공원 + 데이터 센터'가 결합된 복합 공간을 상상할 수 있다. 낮에는 시민들이 책을 읽고 산책하는 문화 공간이지만, 밤에는 도시에 필요한 데이터를 저장하고 에너지를 재생산하는 '스마트 인프라'로 기능한다. 이러한 창조적 상상력은 단순히 예술적 영감을 넘어, 사회가 직면한 문제(기후 위기, 고령화, 공동체 해체 등)에 대한 건축적 해법으로 연결된다. 건축가가 아무리 뛰어난 기술과 상상력을 가졌다 하더라도, 그것이 사회적 · 환경적 윤리와 결합하지 않는다면 '미래 파괴자'가 될 수 있다. 따라서 건축가는 단기적 이익보다는 공공의 선과 지속 가능성을 최우선으로 삼아야 한다. 21세기 인류가 직면한 가장 큰 위기는 기후 변화다. 해수면 상승, 폭염, 미세먼지, 산불 등은 건축과 도시 계획의 기본 전제를 뒤흔들고 있다. 따라서 건축가의 핵심적 과제는 탄소 중립적 건축의 실현이다.

재생 가능한 자원을 활용한 건축 자재를 사용하며, 제로 에너지 건물을 지향하며 시스템을 통한 통합 설계를 하며, 개별 건물이 아니라 도시 전체가 에너지 · 자원 순환을 이루는 구조의 순환 시스템을 적용한다. 이처럼 융합 건축가는 시스템을 통합해 '기후 회복력'을 갖춘 건축 AI를 만들어야 한다. 건물 하나의 친환경성을 넘어서, 도시 전체의 생태적 균형을 조율하는 능력이 요구된다.

초연결 사회와 디지털 전환

4차 산업혁명의 인공지능, 빅데이터, 사물인터넷, 메타버스는 인간의 생활 방식을 근본적으로 바꾸고 있다. 미래 사회에서 건축은 물리적 공간과 디지털 공간이 긴밀히 결합한 '하이브리드 무대'가 될 것이다. 건축가는 디지털 전환을 단순한 기술 적용으로 보지 않고, 인간의 경험을 확장하는 도구로 다룰 수 있어야 한다. 즉, 건축은 더 이상 '보이는 벽'만이 아니라, 디지털 신호와 네트워크까지 포함하는 총체적 공간이 된다.

급속한 도시화와 경제적 불평등은 건축이 풀어야 할 사회적 과제를 드러낸다. 도시의 고급 건축물이 소수의 특권층에게만 혜택을 제공한다면, 건축은 사회적 분열을 심화시키는 도구가 된다. 건축가는 건축을 사회적 평등의 매개체로 삼아야 한다. 이는 단순히 기능적 배려를 넘어 건축을 통해 사회적 존엄성과 공동체의 유대를 회복시키는 작업이다.

세계화는 도시와 건축을 표준화시키는 경향을 강화했다. 어디서나 볼 수 있는 유리 마천루, 획일화된 아파트 단지는 도시의 개성을 지워버린다. 융합 건축가의 과제는 보편성과 특수성의 균형을 잡는 것이다. 첨단 기술과 글로벌 표준을 수용하되, 지역성, 지역의 역사와 문화, 공동체의 서사를 반영해야 한다.

즉, 건축가는 지역의 기억을 미래로 전승하는 설계자이자, 문화적 다양성을 보호하는 수호자다.

인간, 사회, 자연, AI

건축은 언제나 인간의 삶을 담는 그릇이자 그것을 비추는 거울이었다. 벽돌과 유리로 쌓인 건물이 아니라, 시대정신과 기술, 그리고 공동체의 관계를 재현하는 하나의 언어였다. 그러나 지금 우리는 산업 사회가 남긴 경계선 위에 서 있다. 인간은 기계와 경쟁하고, 도시는 자연을 밀어내며, 기술은 삶의 리듬을 재편한다. 이 속에서 '융합 건축'은 단순한 설계 기법이 아니라, 인간, 사회, 자연, AI가 하나의 생명체처럼 상호작용하는 새로운 문명 구조를 제안하고 있다.

융합 건축은 기능의 합이 아니라 관계의 예술이다. 그것은 "건축은 완성품이 아니라 업데이트되는 운영 체계(Operating System)다"라는 선언으로 요약된다. 기술의 상징인 '발전(development)'을 기반으로 이 운영 체계 안에서 인간은 사용자이자 피드백 제공자이며, 사회는 규범과 문화의 데이터베이스로 작동하고, 자연은 순환의 알고리즘을 제공하며, AI는 이 모든 것을 연결하고 조율한다. AI는 인간, 사회, 자연 다음의 네 번째 재료로서 콘크리트, 철, 유리 목재 등이 물질적 기반이라면, AI는 지능의 구조적 기반이다.

AI는 인간과 자연, 사회를 잇는 보이지 않는 인프라를 형성한다. AI의 데이터는 단순한 효율 최적화가 아니라, 의미의 축적 과정이다. 건축은 그 데이터를 통해 '살아 있는 시간'을 갖는다. 낮에는 에너지를 절약하고, 밤에는 빛을 나누며, 비가 오면 숨 쉬는 재료들이 스스로 반응한다. AI는 생명체의 신경망처럼 건축 내부를 순환하며, 인간의 의도를 예측하지만 명령하지 않는다.

그것은 인간을 대신하는 지능이 아니라, 인간과 '공진화(co-evolution)'하는 감각의 확장체다.

미래의 도시는 더 이상 빛나는 타워가 아니라, 인간과

사회, 자연과 AI가 서로를 배우며 살아가는 거대한 유기체가 될 것이며, 그 속에서 건축가는 설계자가 아니라 관계의 시인이며 AI는 엔진이 아니라 배우는 감각, 그리고 건축은 마침내 공존의 문명 언어로 완성된다.

참고문헌

김명수(2014). 《마켓 3.0 시대의 융합 건축설계》. 기문당.
김성화 외(2022). 《미래가 온다. 스마트시티》. 창의와탐구.
박찬호 외(2022). 《스마트시티 에볼루션》. 북바이북.
임성훈(2018). 《공유, 데이터, 융합, 그리고 비정형 건축》. 정예씨.
진희선 외(2025). 《스마트도시, 미래를 혁신하다》. 나무지혜.
최광수(2024). 《도시의 진화:스마트시티 여행기》.루미너리북스.

05
융합 예술 플랫폼과 건축

건축가에게 건축은 더 이상 '단지 머무는 집'이 아니라, "살아가는 예술로서의 집"이다. 건축은 도시 속에서 감각과 사회적 기억을 담아내는 거대한 환경 캔버스이자 무대로서, 건축가와 예술의 만남은 단순한 미적 향상을 넘어, 도시를 예술화하고, 사회를 감각화하며, 문명을 새롭게 조율하는 미래적 실천이 된다.

AI 콘텐츠 크리에이터?

건축과 예술의 원초적 동맹

인류 문명의 역사에서 건축은 언제나 예술과 함께였다. 원시 동굴벽화부터, 고대의 신전은 단순한 거주 공간이 아니라, 종교적 상징과 미학적 질서를 구현하는 거대한 예술 작품이었다. 바벨탑, 파르테논 신전, 중세의 고딕 성당은 구조적 기술과 조각, 회화, 음악적 비례가 어우러진 '종합 예술'이었다. 그러나 근대 이후, 건축은 과학적 합리성과 기능주의에 치우치면서 예술과 분리되기도 하였다.

이에 오늘날 건축가들은 이 오래된 분리를 넘어, 건축을 다시금 예술의 영역으로 복귀시킨다. 그들은 건축을 물리적 기능의 틀로만 보지 않고, 인간의 감각과 정서를 자극하는 '총체적 예술'로 재해석한다. 건축가에게 예술은 장식이 아니다. 그것은 공간의 본질을 드러내는 언어이며, 인간의 감각과 정서를 깨우는 도구다. 건축은 시각적 오브제에 그치지 않고, 걸어 들어가고, 머물며, 바라보는 과정 속에서 완성된다. 건축가는 빛, 그림자, 재료의 질감, 공간의 흐름을 하나의 예술적 경험으로 설계하는 체험의 미학을 제공한다. 건축은 공동체의 정체성을 담는 조형물이다. 박물관, 기념관, 공공 광장은 단순한 공간을 넘어 사회적 기억과 집단적 상징을 표현하는 예술적 매개체다. 이는 디지털 파사드, 인터랙티브 미디어, 증강현실은 건축을 정적인 구조물에서 움직이는 예술로 변화시킨다. 건축가는 예술가와 협력하여 기술적 장치를 감각적 체험으로 변혁하므로, 이는 예술과 기술의 합주로 연결된다. 또한 건축은 회화, 조각, 음악, 무용, 영화와 접속하여 장르의 경계를 허문다. 미술관의 벽은 전시의 프레임이자 건축적 구성물이 되고, 광장은 시민 참여형 공연 무대가 되며, 빛과 소리의 흐름은 건축적 리듬을 만들어 낸다.

건축가는 예술을 건축의 요소에 녹여 낸다

콘크리트의 거친 표면, 유리의 투명성, 목재의 따뜻함은 그 자체가 회화적 · 조각적 언어가 된다. 예컨대 안도 타다오의 노출 콘크리트는 단순한 구조재가 아니라 빛과 그림자의 극적인 무대다. 일본 오사카의 '빛의 교회'는 콘크리트 벽에 십자가 모양으로 뚫린 빛의 선이 공간 전체를 지배한다. 이는 종교적 상징을 빛이라는 예술 언어로 표현한 사례다. 또한 루이스 칸은 "빛은 건축을 건축답게 한다"고 했다. 건축가는 빛을 조형적 재료로 다루며 투명, 반투명, 반사적 재질로 공간을 시각적 음악으로 만든다. 미디어 아트 그룹 팀랩(teamLab)이 만든 몰입

형 미술관은 건축과 디지털 예술의 경계를 허물며, 건축을 가변적 예술 무대로 확장시켰다.

건축을 예술로 확장시킨 건축가들의 사례는 이외에도, 프랭크 게리의 조각 건축인 스페인 빌바오의 "구겐하임 미술관"은 건축 그 자체가 도시의 예술 작품이다. 비정형 곡면과 티타늄 외피는 미술관의 내부 전시물 못지않게 강력한 예술적 상징이 되었다. 자하 하디드는 런던 아쿠아틱 센터, 광저우 오페라하우스 등에서 건축이 조형 예술처럼 흐르고 휘어지는 곡선으로 구현될 수 있음을 보여 준다. 서울 동대문디자인플라자(DDP)의 외피는 미디어 아트와 결합해 시시각각 변화하는 예술적 장면을 제공한다.

건축은 더 이상 고정된 구조물이 아니라 실시간 예술 공연의 도시 캔버스이자 산 무대가 된다. 이러한 예술을 향한 건축의 재융합은 단순한 감각적 쾌락을 넘어 사회적 책임과도 연결된다. 공공 예술로서의 건축은 특정한 집단이 아니라, 시민 모두가 누릴 수 있는 열린 예술 공간을 창출해야 하며, 문화적 정체성을 표현하여 지역성과 전통을 담은 건축이 예술적 상징으로 발전해야 한다.

이는 디지털 예술의 균형이 기술적 화려함에 치우치지 않고, 인간적 체험과 사회적 맥락을 고려하는 예술적 균형이 필요하다. 융합 건축가는 더 이상 건축만 하는 설계자가 아니라 예술가, 엔지니어, 디자이너와 협업하며 다학제적 창작의 지휘자로 활동하고 있다. 건축가에게 건축은 더 이상 '머무는 집'이 아니라 '살아가는 예술이 담긴 집'이다. 건축은 도시 속에서 인간의 감각과 사회적 기억을 담아내는 캔버스이며 빛과 재료, 기술과 문화가 어우러진 총체적 예술이다. 따라서 건축가와 예술의 만남은 단순한 미적 향상을 넘어, 도시를 예술화하고, 사회를 감각화하며, 문명을 새롭게 조율하는 미래적 실천이 된다.

융합 예술 플랫폼과 건축

21세기 초, 예술은 더 이상 미술관의 벽 안에 머물지 않는다. 디지털 기술과 감각적 체험이 결합하면서 예술은 '경험의 플랫폼'으로 확장되었고, 그 무대는 곧 건축적 공간으로 진화하였다. 융합 예술 플랫폼이란, 예술 · 기술 · 인간의 상호작용이 실시간으로 일어나는 복합적 구조를 말한다. 여기서 '플랫폼'은 단순한 전시장이 아니라, 예술이 생성 · 교류 · 소멸되는 동적 생태계다.

이 개념은 '예술의 공간화(space of art)'에서 "공간의 예술화(art of space)"로의 전환을 의미한다. 즉, 건축이 예술의 배경이 아닌 주체로 등장하고, 기술이 그 사이를 매개하며, 관객은 참여자로 전환되어 소통한다.

오늘날 '플랫폼'이라는 개념은 디지털 기술에만 국한되지 않는다. 플랫폼은 '다양한 주체들이 만나고, 교류하고, 새로운 가치를 창출하는 장을 의미한다. 이 관점에서 보면, 건축은 단순히 물리적 공간이 아니라 예술적 융합을 매개하는 플랫폼이 될 수 있다.

전통적인 미술관이나 공연장은 특정 예술 장르를 수용하는 공간이었지만, 융합 예술 플랫폼은 회화, 음악, 무용, 미디어아트, 디지털 예술, 심지어 시민 참여형 예술까지 수용한다. 건축가는 이 모든 것을 아우르는 '공간적 운영 체계'를 설계하는 역할을 맡는다. 기존의 공연장은 대개 정해진 관람 방식과 좌석 구조를 전제로 설계되었다. 그러나 융합 예술 플랫폼은 고정된 형태를 거부하여 벽은 쉽게 열리고 닫히며, 바닥은 평면에서 무대로, 때로는 관객석으로 변한다. 건축가는 이 가변적 구조를 통해 '예술이 공간에 맞추는 것이 아니라, 공간이 예술에 따라 움직이는' 새로운 체계를 구현한다.

오늘날 예술의 많은 부분은 디지털 기술을 필요로 한다. 결국 건축은 '기술을 담는 그릇'이 아니라, 기술과 예술을 함께 조율하는 융합의 무대가 된다. 또한 전통적인 기능 구분이 무너진다. 전시실은 공연장이 되기도 하고, 로비는 시민들의 토론장으로 변하기도 하며, 카페는 실험적 퍼포먼스의 무대가 된다. 이러한 경계의 흐름은 예술이 더 이상 특정 장르나 특정 공간에 갇히지 않음을 의미한다. 건축은 다양한 활동이 자연스럽게 겹치고 스며들 수 있도록 다층적이고 중첩된 구조를 만들어야 한다. 그 결과 플랫폼은 "예술과 일상이 서로 흘러드는 공간"으로 자리 잡는다. 융합 예술 플랫폼은 단지 예술가들이 작품을 발표하는 공간이 아니다. 그것은 연구자, 기술자, 시민, 학생 등 다양한 집단이 만나 협력하는 사회적 네트워크의 중심지다.

플랫폼은 단순한 예술 향유의 장소를 넘어 창작 공동체를 형성하는 건축적 토양이 된다. 즉 융합 예술 플랫폼의 건축은 '완성된 작품'을 전시하는 곳이 아니라, '새로운 작품이 태어나는 과정'을 지원하는 창조적 생태계로 기술의 초영역적 범위로 기능한다.

세계 각지에서 이미 융합 예술 플랫폼형 건축은 도시 문화의 중심축으로 부상하고 있다. 공간 전체가 빛과 데이터의 흐름으로 구성된 감각형 플랫폼인 도쿄의 TeamLab Borderless와 예술 · 미디어 · 테크놀로지가 공존하는 융합 역구형 설계인 독일 카를스루에의 ZKM

그리고 제주의 아라리오 뮤지엄은 폐건축물의 재생을 통한 공간적 서사와 예술적 감성의 융합체다.

건축가는 건축을 살아 있는 예술 생태계로 재해석한다. 예술을 향한 건축의 재융합은 단순한 감각적 쾌락을 넘어 사회적 책임과도 연결된다. 특정한 엘리트 집단이 아니라, 시민 모두가 누릴 수 있는 열린 예술 공간을 창출해야 하는 공공 예술로서의 건축이다. 건축가에게 건축은 더 이상 '머무는 집'이 아니라, "살아가는 예술"이다. 건축은 도시 속에서 감각과 사회적 기억을 담아내는 거대한 캔버스이며, 건축가와 예술의 만남은 단순한 미적 향상을 넘어, 도시를 상호 소통의 예술화를 만들고, 사회를 감각화하며, 문명을 새롭게 조율하는 미래적 실천의 사명과 모두를 아우러지고 가는 책임이 있다.

참고문헌

김동규(2025). 《공공예술의 철학, 임계의 미학》. 산지니.
김종진(2023). 《공간의 진정성》. 효형출판.
서현(2009). 《건축을 묻다》. 효형출판.
승효상(2024). 《솔스케이프》. 한밤의 빛.
알랭 드 보통(2023). 《행복의 건축》. 청미래.

06
환경 캔버스와 도시 자연

도시는 더 이상 자연을 파괴하는 기계가 아니라, 자연과 함께 그려가는 거대한 생태 회화가 될 수 있다. 지역은 자연이 풍부하나 문화가 부족하여 지역 문화라고 한다면, 도시는 인간의 문명의 보고로서 도시의 위대함이자 힘이다. 이 도시에 부족한 것은 무엇인가? 이것이 바로 도시 자연(Nature City)이 지향하는 궁극적 비전이며, 환경 캔버스(Eco Canvas)가 열어가는 새로운 문명의 길이다.

AI와 민주주의?

건축과 환경의 새로운 관계

20세기 산업 문명은 건축을 인간의 의지를 구현하는 인공물로 만들었다. 콘크리트와 철, 유리로 구축된 도시의 경관은 자연을 배제하고 인간의 지배를 상징했다.

그러나 21세기의 건축은 더 이상 "자연을 정복하는 기술"이 아니라, "자연과 협력하는 지성"으로 전환되고 있다. 기후 위기, 생태 붕괴, 에너지 고갈의 시대에 건축은 환경과의 단절을 넘어, 상호 순환하는 생태적 존재로서 다시 태어나야 한다. 환경은 더 이상 건축의 "배경"이 아니다. 과거의 건축이 환경을 수동적으로 인식했다면, 오늘날의 환경은 건축의 '공동 창조자(co-creator)'로 이해된다.

건축은 흔히 환경을 극복하거나 통제하는 기술로 정의되었다. 냉난방 장치, 구조 공학, 인프라의 발달은 건축을 자연과 독립된 인공적 섬으로 만들었다. 그러나 21세기의 위기—기후 변화, 자원 고갈, 사회적 불평등—는 우리에게 새로운 질문을 던지고 있다. 건축은 이제 환경을 지배하는 것이 아니라, 환경과 상호작용하며 공존하는 장치가 되어야 한다. 이러한 전환을 설명하는 개념이 바로 '환경 캔버스(Environmental Canvas)'다. 융합 건축은 이 캔버스를 재해석하여 새로운 건축적 언어를 창출하고, 지속 가능한 문명의 기반을 마련한다. 환경은 건축의 한계가 아니라 가능성이다. 기후 위기의 시대, 건축은 기술과 예술, 생태와 인문을 융합하는 새로운 종합 언어로 진화한다. 이제 건축가는 더 이상 단순한 '형태의 창조자'가 아니라, 생태적 관계의 조율자이자 지구적 공존의 설계자다.

환경 캔버스의 가장 근원적인 토대는 자연이다. 땅의 기울기, 토양의 질감, 계절의 바람과 빛, 물이 흘러가는 방향은 모두 설계의 중요한 언어가 된다. 과거 산업 사회에서 건축은 이를 극복해야 할 장애물로 보아, 에어컨과 인공조명은 자연을 차단하고 인간만의 독립적 공간을 만들어 내는 수단이었다. 그러나 융합 건축에서 자연은 더 이상 극복의 대상이 아니라, 창조적 협력자로 자리매김한다.

예를 들어, 여름철 직사광선은 단순한 열원이 아니라 자연 에너지원이 된다. 태양광의 각도는 외피의 깊은 처마를 설계하게 하고, 남향 벽면에 태양광 패널을 배치하게 한다. 바람길은 환기와 미기후 조절을 위한 디자인 요소가 되며, 빗물은 건물 외피를 타고 흘러내리며 다시 모여 정화되어 재사용된다. 건축은 그 자체로 작은 생태계가 되며, '자연을 담는 그릇'에서 '자연과 교섭하는 존재'

고, 지속 가능한 문명의 기반을 마련한다. 환경은 건축의 한계가 아니라 가능성이다. 기후 위기의 시대, 건축은 기술과 예술, 생태와 인문을 융합하는 새로운 종합 언어로 진화한다. 이제 건축가는 더 이상 단순한 '형태의 창조자'가 아니라, 생태적 관계의 조율자이자 지구적 공존의 설계자다.

환경 캔버스는 물리적 자연만이 아니라, 사회적 맥락도 포함한다. 건축은 늘 그 공간을 사용하는 사람들의 삶과 긴밀히 연결되어 있으며, 이들의 생활양식 · 가치관 · 경제적 조건이 캔버스 위에 그려져야 한다. 예컨대 도서관을 짓는다면, 단순히 책을 보관하는 기능만이 아니라, 지역 주민이 모이고 교류하는 사회적 무대를 고려해야 한다. 어린이 · 청소년 · 노인 등 서로 다른 세대가 공존할 수 있는 공간적 장치, 경제적 약자도 쉽게 접근할 수 있는 공유 시스템이 포함되어야 비로소 환경 캔버스가 완성된다. 이처럼 건축가는 단순한 설계자가 아니라 사회적 중재자로서 역할을 수행한다. 또한 주민 워크숍, 공청회, 디지털 참여 플랫폼을 통해 사회적 요구를 읽고, 이를 설계 언어로 변환해야 한다. 오늘날 환경은 눈에 보이지 않는 데이터의 집합으로도 존재한다. 탄소 배출량, 에너지 사용 효율, 건축 자재의 순환 가능성, 교통 흐름

등이 바로 그것이다. 이러한 복잡한 데이터를 분석하고 가시화하는 것은 기술적 층위의 환경 캔버스라고 한다.

BIM, 인공지능 기반 시뮬레이션, IoT 센서 네트워크는 건축가가 환경을 읽고 실험할 수 있는 새로운 도구가 된다. 이를 통해 건축가는 건물이 완공되기 전에도 빛의 흐름, 바람의 방향, 재료의 열전도율을 가상 환경에서 시험할 수 있다. 환경은 이제 눈에 보이지 않는 조건이 아니라, 실시간으로 조작되고 해석되는 인터페이스로 기능하는 것이다. 또한 환경 캔버스는 문화적 의미와 예술적 감각의 층위를 품고 있다. 똑같은 벽돌과 콘크리트라 해도, 그것이 세워진 장소가 갖는 역사와 기억은 건축을 전혀 다르게 만든다. 예컨대 오래된 공장을 개조한 복합 문화 공간은 단순한 리모델링이 아니라, 장소의 기억을 재생산하는 행위다. 과거 노동의 현장이 오늘날 예술과 교류의 무대로 재탄생할 때, 건축은 단순한 물질을 넘어 문화적 서사를 담는 매개체가 된다. 융합 건축의 환경 캔버스는 미래 건축의 사고 전환을 상징한다. 더 이상 건축은 '환경 위에 세워진 물리적 구조물'이 아니라, 환경과 함께 살아 움직이는 유기체적 예술로 자리 잡는다. 이는 단순히 기술적 지속 가능성을 넘어, 인간과 환경이 서로의 존재 조건을 확장시키는 공진화적 관계를 지향하는 새로운 문명적 비전이라 할 수 있다.

도시 자연: 긴급한 복원의 과제

도시는 언제나 인간의 욕망과 이상이 교차하는 무대였다. 건물이 그림자가 나무 그늘을 대신하고, 시멘트의 냉기가 흙의 온기를 대체했다. 인간이 자연을 통제할 수 있다는 확신, 그것이 곧 '진보'라고 믿었던 시대의 오만은 결국 인간 자신을 자연으로부터 추방시켰다.

오늘날의 도시 문명은 풍요 속의 결핍을 보여 준다. 물질은 넘치지만 공기가 탁하고, 편의는 가득하지만 마음이 공허하다. 자연이 사라진 도시의 풍경은 인간이 만든 낙원이 아니라, 자연으로부터 고립된 거대한 인공의 섬이다.

자연이 사라진 도시는 인간에게 머물 여백을 허락하지 않는다. 창문 너머로 들려오던 새소리는 소음으로 바뀌고, 밤하늘의 별은 네온사인에 묻혔다. 이러한 도시에서 인간은 더 이상 존재하지 못한다. 단지 기능하고, 소비하며, 소모될 뿐이다. 도시의 높은 빌딩, 복잡한 교통망, 끝없이 늘어선 아파트 단지는 산업화와 근대화의 성과를 보여 주지만, 그 이면에는 자연의 급격한 퇴색이 자리하고 있다.

숲은 잘려나가고, 하천은 직선화된 수로로 갇혔으며, 토양은 아스팔트와 콘크리트 아래 질식하고 있다. 이는 단순한 미적 결핍에 그치지 않고, 열섬 현상 · 대기 오염 · 도심 홍수 · 생태계 단절과 같은 복합적 문제로 이어진다. 이제 "도시에 자연을 다시 입히자"는 요구는 환경운동가의 구호가 아니라, 도시 생존의 필수적 과제가 되었다.

도시 자연이란 단순히 도심에 나무를 심는 조경 사업이 아니다. 그것은 도시라는 인공적 무대 위에 생태적 흐름과 자연적 질서를 다시 그려 넣는 행위다. 즉, 도시 자연은 도시를 단순한 주거 · 산업의 공간에서 인간과 자연이 공존하는 생태 무대로 바꾸는 핵심 전략이라 할 수 있다.

이처럼 환경 캔버스적 도시 자연은 AI와 함께 첨단 기술과 결합하여 디지털 환경 관리를 한다. IoT 센서를 통해 토양 습도, 대기 질, 수분 순환을 모니터링하고 AI 시뮬레이션으로 바람길, 열섬 현상, 수로 복원 효과를 예측하며, 데이터 기반 설계로 자연을 단순한 장식이 아닌 살아 있는 시스템으로 관리한다. 싱가포르 가든 시티 프로젝트는 도시 전체를 하나의 정원으로 설계, 빌딩 외피 · 도로 · 교량 모두를 녹지화하고, 서울의 청계천 복원 사업은 콘크리트 하천을 생태하천으로 되돌려 환경 캔버스적 도시 재생의 대표적 사례로 평가받고 있다.

도시 자연은 이제 선택이 아니라 필수이며, 자연 없는 생명과 인간, 동식물이 없는 도시는 생존할 수 없다. 도시는 더 이상 자연을 파괴하는 기계가 아니라, 자연과 함께 그려가는 거대한 생태 회화가 될 수 있다. 이것이 바로 도시 자연이 지향하는 궁극적 비전이며, 환경 캔버스가 열어가는 새로운 문명의 길이다.

참고문헌

강준석·김재경(2023). 《그린인프라공학과 도시방재론》. 문운당.

김지나(2021). 《문화로 도시 읽기》. 한숲.

박길용(2021). 《생태도시학》. 윤성사.

안드레아 커티스(2022). 《도시 숲 이야기》. 권혁정 옮김. 나무처럼.

이우균 외(2023). 《자연기반해법》. 지을.

최성용(2017). 《시티 그리너리》. 동아시아.

케이트 레이워스(2018). 《도넛 경제학》. Doughnut Economics. 홍기빈 옮김. 학고재.

07
스마트 융합으로서 AI의 역할

스마트 융합은 자연을 지배하는 것이 아니라, 자연과 인간이 공존하는 조화로운 생태 문명을 만드는 길이다. AI는 방대한 예술 양식을 분석해 새로운 창작의 도구를 제공하고, 인간의 감성과 서사가 결합할 때, 예술은 단순한 알고리즘의 산물이 아니라 새로운 문화적 서사로 재탄생한다.

AI와 애니메이션?

AI, 공존의 기술에서 공존의 나눔으로

20세기의 과도한 성장 논리는 경쟁과 독점, 소유와 배제의 패러다임을 강화시켜, 인간은 풍요를 얻었지만, 동시에 불평등과 환경 파괴, 고립과 분열이라는 그림자를 떠안게 되었다. 21세기에 들어서면서 우리는 또 다른 전환점 앞에 서 있다. 인공지능은 단순한 기술 혁신의 도구를 넘어, 인류 문명이 나아갈 가치와 방향을 다시 묻고 있다. AI의 진정한 의미는 인간을 능가하는 슈퍼 지능이 아니라, 공존과 나눔을 실현하는 스마트 융합 플랫폼으로서의 역할이다.

AI는 본질적으로 '도구'이지만, 그 사용 방식에 따라 철학적 전환을 가능케 한다. 공존은 단순히 사람과 AI가 같은 공간에 존재한다는 의미를 넘어선다. 그것은 상호보완적 관계 속에서 서로의 한계를 메워주고, 각자의 가능성을 확장시키는 창조적 동반을 뜻한다. 스마트 시티는 AI를 통해 교통 흐름, 에너지 분배, 공공 안전을 조율한다. 그러나 그 안에서 살아가는 시민의 문화와 감성을 존중하지 않는다면, 도시는 단순한 '자동화 기계'에 불과할 것이다. AI는 기술적 효율성과 인간적 정서가 만나는 지점에서 비로소 공존의 철학을 완성한다. 공존의 AI는 인간의 일자리를 빼앗는 존재가 아니라, 새로운 창의와

휴머니즘을 가능케 하는 촉매다. 나눔은 단순히 소유한 것을 나누어 주는 시혜적 행위가 아니다. 그것은 모두가 연결된 세계에서 자원과 기회, 지식을 공정하게 분배하고 순환시키는 시스템을 구축하는 과정이다. AI는 이 나눔의 과정을 정교하게 설계할 수 있는 도구다. 과거 대학 도서관과 연구소에만 갇혀 있던 정보를 이제는 AI를 통해 누구나 손쉽게 접근할 수 있다. 가난한 시골 마을의 학생도, 대도시의 연구원과 동일한 수준의 학습 자료를 활용할 수 있다. 지식은 더 이상 일부 집단의 권력이 아니라, 모두가 공유하는 공동 자산이 된다. 또한 AI 기반 에너지 관리 시스템은 소비 패턴을 분석해 낭비를 줄이고, 남는 전력을 다른 지역과 공유하도록 돕는다. 이는 에너지 빈곤 문제를 완화하고, 지구적 차원의 형평성을 높인다. 더구나 현재의 고령화 사회에서 AI는 치매 환자의 일상을 기록하고, 간호사의 부담을 덜어준다.

스마트 융합: 기술과 가치의 만남

'융합'이라는 말은 단순한 기술의 결합을 뜻하지 않는다. 그것은 잡스가 말한 크로스 지점의 의미같이 서로 다른 세계가 만나 새로운 질서를 창조하는 제3의 길을 의미한다. 20세기의 디지털 혁명은 정보의 속도와 연결성에 초점을 맞추었다. 그러나 21세기의 인공지능 혁명은 그 이상의 것을 요구한다. 기술은 더 이상 가치중립적인 도구가 아니라, 윤리와 사회적 책임을 내포한 존재로 자리 잡고 있다. 스마트 융합이란 바로 이 지점에서 탄생한다. 인간이 추구하는 가치, 공존, 나눔, 지속 가능성이 AI의 알고리즘 설계와 데이터 활용 속에 스며드는 순간, 기술은 단순한 도구에서 문명의 조율자로 변화한다.

스마트 융합은 기술적 효율을 넘어서 인간, 자연, 기계의 유기적 통합을 지향한다. 이 융합의 중심에는 '인공지능(artificial intelligence)'이 있다. AI는 독립된 존재가 아니라, 사유와 감각, 데이터와 감정이 교차하는 새로운 생태적 지능으로 자리매김하고 있다. 초기의 AI는 인간의 계산 능력을 대체하거나 강화하는 '논리적 지능'에 초점이 맞추어져 있었다. 그러나 오늘날의 AI는 '생태적 지능'으로 진화하고 있다. 이는 단일 기능의 자동화가 아니라, 도시 · 건축 · 예술 · 환경 · 사회 시스템 전반을 연결하고 조율하는 복합적 지능이다. 스마트 융합의 본질은 이질적인 영역의 통합이다. 과거 산업 사회는 분업과 구분의 논리에 따라 성장했지만, 지능 사회는 연결과 공존의 원리를 중심으로 재편된다.

인공지능은 인간을 대체하기 위한 것이 아니라, 인간

의 존엄과 행복을 확장시키는 서비스적 존재로 재구성되어야 한다. 스마트 헬스 케어를 보면, 단순히 건강 수치를 기록하는 것을 넘어, 환자의 정서와 생활 습관까지 분석해 맞춤형 돌봄을 제공한다. 이때 AI의 역할은 의사의 지시를 보조하는 것이 아니라, 환자 개개인의 삶의 맥락을 존중하면서 건강을 관리하는 것이다. AI 튜터는 단순히 문제 풀이를 돕는 것이 아니라, 학습자의 속도, 흥미, 이해도를 분석해 '한 사람의 삶'을 중심에 둔 학습 환경을 만든다. 기술은 효율을 위한 수단이 아니라, 개인적 존엄을 실현하는 파트너가 된다.

스마트 융합 사회에서 AI의 네 가지 역할

AI의 첫 번째 역할은 인간 인지의 확장 장치로의 기능이다. 우리가 데이터를 해석할 때, 그 속에 내재된 패턴을 모두 직관적으로 파악하기는 어렵다. 그러나 AI는 방대한 정보 속에서 의미를 감지하고, 새로운 통찰의 문을 열어준다. 즉, AI는 인간이 "생각하는 법" 자체를 바꾸게 만든다. 과거에는 인간이 문제를 정의하고 기계가 계산했지만, 이제는 기계가 새로운 문제를 제기하고 인간이 그것을 철학적으로 해석하는 단계로 나아간다. AI는 인간의 논리를 재현하는 존재가 아니라, 인간의 인식을 새롭게 구성하는 '사유의 거울'이 된다. 따라서 인지적 촉매로서의 AI는 지적 협업의 새로운 형태, 즉 인간-기계 공동 지능(co-intelligence)의 출발점이다.

AI의 두 번째 역할은 자연과 인공 사이의 균형을 조율하는 생태적 지능으로서의 존재다. 스마트 시티, 자율주행 네트워크, 에너지 순환 시스템 등 모두 수많은 데이터의 흐름 위에서 작동한다. AI는 이 복잡한 네트워크를 조율하는 '보이지 않는 지휘자'다. 건축 분야에서 AI는 건물의 열환경, 채광, 공기 흐름, 사용자 동선 등을 실시간으로 분석하여 자율적 생태 환경을 설계한다. 이는 마치 숲 속 생명체들이 상호작용하며 생태계의 균형을 유지하는 것과 같다.

AI는 도시의 심박수를 읽고 자연의 호흡을 감지하며 인간의 행동을 학습한다. 이 조율의 지능은 인간의 생태계가 기술과 공존할 수 있는 가능성을 열어준다. AI는 이 시대의 '기계적 생태학자'로서, 인류와 자연이 함께 살아가는 새로운 리듬을 작곡하고 있는 것이다.

AI의 세 번째 역할은 AI는 언어와 감성, 문화의 경계를 넘나드는 번역자다. 이것은 단순한 다국어 번역의 차원을 넘어서, 문명 간의 대화를 여는 행위다. AI가 시를 번역할 때 단어를 바꾸는 것이 아니라 그 감정의 진동을 이해하려 시도하고, 음악을 해석할 때 음의 진동 속에서 문화의 리듬을 읽으려 한다. 이러한 번역 행위는 문화의 동질화를 뜻하지 않는다. 오히려 서로 다른 감성의 공명, 차이의 조율을 의미한다. AI는 이질적 세계를 하나의 언어로 묶어내는 통합적 존재가 아니라, 차이와 다양성이 공존하는 공명체를 만들어 낸다. 이 점에서 AI는 '스마트 융합'의 심장부에 있다. 데이터를 통해 문화의 영혼을 해석하는 존재로서.

마지막으로, AI는 인간에게 윤리적 성찰을 요구하는 동반자로서 작동한다. AI의 판단은 인간의 의사 결정을 돕지만, 동시에 인간의 책임을 되묻게 한다. 자동차의 자율주행 알고리즘이 생명을 다루는 선택을 해야 하는 순간, 인간은 기술의 효율보다 윤리의 방향을 고민해야 한다. AI는 인간의 명령을 수행하는 기계가 아니라, 인간의 도덕적 판단을 시험하는 거울이다. 우리가 데이터를 설계하고 알고리즘을 훈련할 때, 그 안에는 인간의 가치가 새겨진다. 따라서 AI는 단순히 '무엇을 할 수 있는가'의 문제를 넘어서, '무엇을 해야 하는가'의 문제를 던지는 존재다. 윤리적 동반자로서의 AI는 인간을 규제하지 않는다. 오히려 스스로의 자율성을 되돌아보게 하는 존재다. 스마트 융합의 시대에서 윤리는 외부의 제약이 아니라, 인간과 기계가 함께 지켜야 할 공생의 규범으로 다시 태어난다. 이때 AI는 인간의 오만함을 견제하고, 기술 문명의 방향을 '선함의 가능성'으로 이끄는 철학적 거울이 된다.

위의 네 가지 역할을 통합적 시선으로 바라볼 때, AI는 이제 인류 문명과 공진하는 존재이며, 스마트 융합의 생태적 중심축이다. AI는 인간의 사고를 확장시키고, 자연의 질서를 읽으며, 문화의 언어를 해석하고, 윤리의 거울을 비춘다. AI가 존재하는 한, 인류는 더 이상 기술을 '이용'하는 존재가 아니라, 기술과 함께 세계를 다시 사유하는 존재가 된다. 결국 스마트 융합 사회의 AI는 단순한 혁신의 수단이 아니라, 문명적 성찰의 매개자, 그리고 미래적 인간성을 재정의하는 철학적 파트너인 것이다.

참고문헌

국창민(2025). 《도시는 어떻게 데이터로 기획되는가》. 어반전략.

김구(2016). 《스마트사회와 공동체》. 대영문화사.

조위덕 외(2013). 《스마트 ICT융합 비즈니스》. 진한엠앤비.

최동배·오명환(2017). 《빅데이터를 활용한 스마트그리드》. 인포더북스.

한국인터넷진흥원·IoT보안얼라이언스(2020). 《스마트의료 사이버보안 가이드》. 진한엠앤비.

한정희(2021). 《융합산업의 탄생과 사업화 스마트시티》. 한경사.

08
도시의 단계적 변화: 홍익 도시

제 3의 도시는 무엇인가? 이 도시는 기술과 자유, 순환과 효율을 넘어, 인간의 존재가 공동체적 가치와 만나는 자리다. 즉 '널리 인간을 이롭게 한다'는 홍익인간의 정신을 바탕으로 인간의 존재와 도시가 공존하는 도시를 지향한다. 홍익 도시는 공허한 이상이 아니라 공간, 제도, 기술, 경제, 문화의 기능적 구조가 총체적으로 전환될 때 실현된다.

AI와 인재 채용?

Cut City: 기능 도시인 분절된 도시

분절 도시는 근대 산업화 이후 급속한 도시 성장과 함께 나타난 양상이다. 도시의 기능은 철저히 분업화되었고, 주거·산업·상업·문화의 공간은 서로 단절된 채 배열되었다. 이는 인간의 삶을 편리하게 조직하려는 합리적 의도에서 비롯되었지만, 결과적으로 인간을 도시의 일부로서 분절된 기능적 존재로 전락시켰다.

하이데거가 말한 '비거주적 거주'가 바로 이런 상태다. 인간은 도시 속에 살지만, 더 이상 도시를 본래적 삶의 터전으로 경험하지 못한다. 이 시기의 도시는 근대적 합리성이 극대화된 산물이지만, 바로 그 합리성이 인간의 전체적 존재를 파괴하는 모순을 내포한다.

Tech city: 기술로 연결된 도시

스마트 도시는 20세기 말과 21세기 초에 들어서며 세계 각국이 내세운 새로운 도시 모델이다. 급격히 팽창한 도시 인구, 교통 체증, 에너지 낭비, 환경오염, 범죄와 같은 문제를 해결하기 위해, 도시는 점차 기술적 제어 장치를 도입하기 시작했다. 센서는 도시 곳곳에 설치되었고, CCTV는 공공의 안전을 지켜주는 명목으로 확산되었으며, 대중교통과 에너지 시스템은 데이터 기반의 운영 체계로 바뀌었다.

'스마트'라는 이름은 마치 도시가 인간처럼 사고하고 판단하며, 주민을 위해 끊임없이 작동하는 듯한 인상을 주었다. 이러한 약속은 실제로 부분적으로 실현되었다. 교통 혼잡이 줄어들었고, 범죄 예방이 강화되었으며, 시민들은 스마트폰을 통해 다양한 도시 서비스를 실시간으로 이용할 수 있게 되었다. 겉으로 보기에 스마트 도시는 편리와 효율성의 결정체였다. 그러나 문제는 바로 이 지점에서 드러난다. 스마트 도시는 겉으로는 선택지를 넓혀주지만, 그 선택지는 이미 기술 시스템에 의해 구조화되었다.

예컨대 시민이 내비게이션 앱을 켜고 이동 경로를 선택할 때, 그는 여러 경로 중 하나를 고르는 듯 보인다. 그러나 그 모든 경로는 이미 알고리즘이 '합리적'이라고 판단한 결과물이다. 더 나아가, 시민이 '비효율적인' 경로를 고르더라도, 시스템을 끊임없이 다른 시민들의 이동을 데이터로 수집하여 다시 통계적으로 최적화한다.

이때 인간의 자유는 본질적으로 타율적 선택으로 변질된다. 사르트르가 경계한 "자유의 상실"은 바로 이런 상황이다. 인간은 자유롭게 선택한다고 믿지만, 그 선택은 이미 플랫폼과 시스템이 짜놓은 울타리 안에 갇혀 있다. 더욱이 스마트 도시는 단순한 서비스 제공을 넘어 감시와 관리의 장치가 되기도 한다. 도시 전역에 설치된 센서와 카메라는 범죄 예방이라는 명분으로 개인의 움직임을 추적하고, 신용카드 사용, 교통카드 기록, 휴대폰 위치 정보는 시민의 일상 전체를 데이터화한다. 이는 '안전'이라는 가치를 높여 주지만, 동시에 프라이버시의 소멸이라는 대가를 치르게 한다. 도시의 주민은 시스템 속에서 끊임없이 관찰되는 존재가 되고, 그가 하는 선택은 점차 사회적 규범과 데이터 기반 '합리성'에 의해 교정된다. 스마트 도시는 단절을 극복하기 위한 시도로서 의미가 있다.

그러나 도시를 단순히 기능적 효율의 총합으로만 바라보는 순간, 인간은 그 도시의 중심에서 밀려나기 시작한다. 인간은 주체가 아니라 시스템을 이용하는 '소비자'가 되고, 더 나아가 시스템에 의해 데이터화된 객체가 된다. 또한 동시에 이 모델은 우리에게 근본적인 질문을 던진다. '기술은 과연 인간의 자유를 확장하는가, 아니면 축소하는가?', '효율과 편리만을 추구하는 도시는 인간적 삶을 얼마나 담아낼 수 있는가?', '데이터로 구조화된 선택 속에서 인간은 여전히 자유로운 주체일 수 있는가?' 스마트 도시는 단절을 넘어서려는 중간 단계이자, 동시에 인간 존재의 의미를 묻는 철학적 시험대인 셈이다.

AI Circular City: 인공지능의 소통하는 도시

이러한 한계를 넘어서는 새로운 가능성이 AI 순환 도시에서 나타난다. 이 도시는 더 이상 기술만으로 기능을 연결하는 것이 아니라, 도시 자체를 하나의 생명체처럼 운영한다. 에너지는 소비와 생산, 저장과 재생을 거치며 끊임없이 순환하고, 물질은 쓰레기로 버려지지 않고 다시 도시의 자원으로 환생한다. 인간의 활동은 단절된 기능이 아니라 순환적 흐름 속에서 자리한다. 여기서 AI의 역할은 단순히 효율을 극대화하는 도구가 아니다. AI는 인간의 선택을 제한하지 않고, 오히려 그 선택이 도시의 순환 구조와 조화롭게 연결되도록 돕는다. 한 개인의 자유로운 결정이 도시 전체의 건강한 리듬 속에서 작동하도록 안내하는 것이다.

이때 우리는 하이데거의 '거주의 본질'을 떠올리게 된다. 인간은 더 이상 도시 속에서 파편화된 존재가 아니라, 자연과 사물, 타인과 맺는 관계 속에서 본래적으로 거주한다.

동시에 사르트르의 '자유로운 선택' 역시 존중된다. 인간은 AI가 제시하는 효율적 경로를 따를 수도 있고, 그에

반해 자신만의 길을 고를 수도 있다. 순환 도시는 기술과 인간, 자유와 순환이 서로 긴장을 이루면서도 조화를 찾는 단계다. 순환 도시는 더 이상 파편적 공간이 아니라, 그 모든 선택이 도시라는 거대한 순환의 맥락 속에서 존재를 풍요롭게 한다는 점이다.

Hongik City: 생명 존재와 공존의 철학적 결실

도시의 여정은 순환적 생명체에서 멈추지 않는다. 최종적 단계는 '홍익 도시', 곧 공생의 도시다. 이 도시는 기술과 자유, 순환과 효율을 넘어, 인간의 존재가 공동체적 가치와 만나는 자리다. 동양학자인 심백강은 《자본주의 사회주의 홍익주의》에서 "'실사'는 실리를 '구시'는 공정과 정의를 가리킨다. 이는 홍익인간에서 '익(益)'은 실리를, '홍(弘)'은 더불어 함께 누리는 공정과 정의를 의미하므로 '실사구시' 네 글자는 곧 홍익인간에서 말하는 '홍익' 두 글자에 대한 다른 표현이라고 할 수 있다"고 했다.

홍익 도시는 '널리 인간을 이롭게 함'이라는 홍익인간 사상과 원리를 도시의 공간 질서 속에 구현한다. 홍익 도시는 도시 진화의 최종적 결실로서, 존재와 공존이 철학적으로 하나 되는 지점을 보여 준다. 홍익 도시는 공허한 이상향이 아니라 공간, 제도, 기술, 경제, 문화의 기능적 구조가 총체적으로 전환될 때 실현된다. 홍익 도시의 기능적 전환은 공간 구조에서 드러난다. 공유 정원, 공동 주방과 같은 구조는 일상의 삶을 서로에게 열어주며, 개별적 거주를 넘어선 함께하는 거주의 기능을 가능케 한다.

공공 공간은 소비 중심의 광장이 아니라 존재적 만남의 장으로 변모한다. 더 나아가 자연 공간은 도시의 주변부가 아니라 중심축의 기능으로 녹지와 수변 공간이 도시 전체의 생명 순환을 지탱한다. 또한 도시의 기능은 공간에 그치지 않고 제도속에서도 구현된다. 홍익 도시는 참여와 분배, 돌봄을 핵심 제도적 기능으로 삼는다. 참여는 단순히 의견 수렴의 차원을 넘어 정책 결정 과정에서 시민들이 적극적으로 개입하며, 행정은 이를 실질적으로 반영한다. 분배 정의는 세금과 토지, 공공 자원의 활용 방식에서 경쟁력이 아니라 공유의 이익이 기준이 된다. 사회적 약자가 배제되지 않도록 자원이 배분되는 순간, 제도는 인간적 존엄을 기능적으로 보장한다. 또한 돌봄 체계는 교육과 보건, 복지를 넘어 공동체적 삶을 유지하는 기초적 기능으로 자리 잡아, 아동 · 노인 · 이주민 · 장애인 누구도 배제되지 않는 제도적 장치는 홍익 도시의 뼈대를 이룬다.

스마트 도시가 기술을 효율과 통제의 수단으로 삼았

다면, 홍익 도시는 기술을 돌봄과 공존의 기능적 장치로 전환한다. 홍익 도시의 경제적 기능은 성장과 경쟁의 패러다임을 벗어나 순환과 공유를 근본 원리로 한다. 순환경제는 자원의 선형적 소비를 넘어, 생산-소비-재사용-재생산의 고리를 기능적으로 제도화한다. 폐기물은 더 이상 버려지는 것이 아니라, 도시 생태계의 또 다른 자원이 된다. 공유 경제는 교통수단, 주거, 도구, 에너지의 영역에서 구현된다. 소유는 절대적 권리가 아니라 공동체적 사용권으로 재편되며, 이는 자원의 효율성과 공동체적 신뢰를 동시에 강화한다. 사회적 경제는 기업 활동을 이윤 창출의 수단으로 한정하지 않는다. 협동조합, 사회적 기업, 지역 네트워크는 공동체적 가치를 실현하는 기능적 경제 구조로 정착한다. 홍익 도시는 문화적 차원에서도 기능적 전환을 보여 준다. 교육은 경쟁적 서열화를 넘어, 서로를 이해하고 협력하는 존재적 성장을 목표로 하며, 학습은 단순한 지식 축적이 아니라 공생을 배우는 과정이 되며, 예술은 개인의 표현을 넘어 공동체적 공명을 만들어 낸다. 이처럼 홍익 도시를 만드는 것은 단지, 현재 세대만을 위한 것이 아니라, 미래 세대를 위한 유산이다.

참고문헌

김신혁(2025). 《도시 보는 사회학: 우리 도시를 읽는 30개의 사회학적 상상력》. 계단.

남상문(2015). 《새를 초대하는 방법: 기후위기 시대, 인간과 자연을 잇는 도시건축이야기》. 현암사.

서윤영(2024). 《미래 세대를 위한 건축과 기후 위기 이야기》. 철수와영희.

심백강(2025). 《자본주의 사회주의 홍익주의》. 바른역사.

씨익북스편집부(2025). 《AI와 블록체인의 미래: 혁신과 융합》. 씨익북스.

유현준(2015). 《도시는 무엇으로 사는가》. 을유문화사.

이승일(2022). 《스마트 도시계획》. 커뮤니케이션북스.

최광빈(2025). 《푸른 도시, 서울의 공원》. 이유출판.

최성용(2021). 《내일의 도시를 생각해》. 북트리거.

09
메타 전략: 컬처 매트릭스

'컬처 매트릭스(Culture Matrix)'란 단순히 문화 요소들의 모음이 아니라, 서로 다른 문화 코드들이 교차하며 만들어 내는 관계망을 뜻한다. 문화 현상을 독립적 · 단선적으로 이해하는 기존의 방법을 넘어, 하나의 다층적 '행렬(matrix)' 구조로서 파악할 필요성을 강조한다. 우리의 삶은 적어도 10차 함수를 가지는 복잡하면서도 순환하는 메타라이프다.

AI와 기자?

컬처 매트릭스의 개념

전통적 문화 이론은 작품, 장르, 집단 같은 '개체'를 출발점으로 삼았다. 그러나 순환 건축과 AI 도시의 패러다임에서는 초점이 관계와 흐름으로 이동한다. 의미는 개체 안에 저장된 것이 아니라, 사람-규칙-인프라-장소-데이터가 교차하는 회로에서 발생한다.

"무엇이 문화인가?"보다 "어떤 조건이 의미와 도시의 새로운 질서를 생성하는가?"가 핵심 질문이 된다.

따라서 '컬처 매트릭스'란 단순히 문화 요소들의 모음이 아니라, 서로 다른 문화 코드들이 교차하며 만들어 내는 다층적 관계망을 뜻한다. 문화 현상을 독립적 · 단선적으로 이해하는 기존의 방법을 넘어, 문화 · 도시 · 건축은 독립적 실체가 아니라 '행렬(matrix)' 구조로서 순환 · 상호작용 · 맥락적 연결 속에서 의미와 가치를 획득한다. 이는 각각의 문화가 개별적 독립체가 아니라, 상호작용과 맥락적 연결 속에서 의미를 획득한다는 점을 드러낸다.

컬처 매트릭스 방법론: 전환기의 문화 분석틀

문화는 더 이상 예술 장르나 콘텐츠 산업의 하위 범주에 머물지 않는다. 도시 공간의 사용 방식, 디지털 플랫폼의 규칙, 알고리즘의 추천 로직, 사용자 행동 데이터 등 현대 사회는 디지털 전환, AI, 글로벌 이동성 등으로 인해 전통적 경계가 흐려지고 있다. 하지만 순환 건축은 자원·에너지·시간을 순환시키는 생명적 구조로서, 도시를 '거대한 살아 있는 집'으로 본다. 과거에는 정치, 경제, 예술, 과학을 별개로 다루었다면, 컬처 매트릭스는 이를 하나의 거대한 관계망 속에서 조망한다. 따라서 컬처 매트릭스는 문화가 작동하는 다차원 좌표계로서의 기능을 한다.

기존 문화 연구는 문화 텍스트의 의미 해석, 산업 구조 분석, 정책 평가 등으로 분화되어 왔다. 그러나 오늘의 문화 현상은 온라인과 오프라인이 중첩되고, 생산과 소비의 경계가 붕괴하며, 지역과 세계가 동시적으로 접속되는 복합성을 띤다.

컬처 매트릭스의 기본 좌표계

전환기의 분석틀은 이 상호작용을 도시·건축 문화의 좌표계로 시각화한다. 이는 최소 다섯 개의 축으로 이루어진 좌표계로 출발한다. 이 좌표계는 고정된 모델이라기보다 사안에 따라 가중치를 조정하는 가변적 프레임이다.

규모(스케일) 축

한 사건을 개인의 감정 · 행동 자료부터 산업 통계, 도시 계획 지표까지 동일한 타임라인에 올려 본다.

시간성(탬포럴리티) 축

순환 도시의 에너지 · 자원 흐름과, AI 알고리즘의 실시간 변화 속도, 두 축을 병치시킨다. 트렌드는 순식간에 발화 · 소멸한다. 반면 제도와 관습은 느리게 변한다. 전환기의 분석은 버즈 타임라인과 구조의 시간을 겹쳐 읽는다.

매개(미디에시션) 축

플랫폼 규칙, 스마트 인프라, IoT 센서, 순환 재료 관리 체계 등 비 인간적 행위자의 문화적 영향을 기록하고 결제 인프라, 비인간적 요소가 문화를 실질적으로 '조율'한다. 이 축을 넣어야 현의 동력을 놓치지 않는다.

권력/가치 축

국가 · 기업 · 지역 · 커뮤니티의 규범 충돌: 저작권, 데이터 권리, 공공성, ESG, 탄소 중립, 순환 경제 가치 체계의 교차와 충돌을 명시적으로 기록한다.

장소성(로컬리티) 축

스트리밍과 SNS에서 형성된 관심이 '도시의 실제 공간(스마트 빌딩 · 축제 · 재생 건축)의 오프라인 동선으로 어떻게 형성되는지, 반대로 물리적 경험이 디지털 문화에 어떤 흔적을 남기는지 추적한다.

여기서의 분석 단위는 '사건(event)'과 '흐름(flow)'이다.

컬처 매트릭스를 그리는 다섯 운영 매뉴얼

분석 전에 알아야할 준비물

- 연구 질문 문장화: "무엇이 어떻게 변했고, 누가 그 변화를 만들었는가?"
- 윤리 합의서: 데이터 출처 · 동의 · 익명 처리, 2차 창작 경계, AI 활용의 투명성, 순환 건축에서의 지역 주민 권리 확인.
- 자료 바스켓: 정성(인터뷰 · 현장 노트 · 사진) + 정량(플랫폼 지표 · IoT 데이터 · 에너지 흐름 · 교통) + 제도(계획 · 조례 · 계약).
- 시간 프레임 설정: TO(사건 전) / T1(점화) / T2(확산)

/ T3(잔존 · 전환).

1단계. 사건 지정(Event Definition)

사건은 "사람들이 이전과 이후를 나누어 이야기할 수 있는 순간이다. "그때 이후로 도시는 달라졌다", "그 축제를 기점으로 이 지역의 이미지가 변했다"라고 말할 수 있다면, 그것이 사건이다. 사건을 지정할 때, 가장 먼저 해야 할 일은 경계 짓기다. 경계를 명확히 해야만, 분석이 단순한 뉴스 요약이 아니라 문화적 궤적을 드러낼 수 있다. 사건을 지정할 때는 짧은 사건 기록지를 만들어 두는 것이 좋다. 사건을 문서로 남기면, 이후 분석할 때 경로와 원인을 쉽게 추적할 수 있다. 사건 지정은 단순히 "대상을 고른다"는 의미가 아니다. 그것은 분석의 초점을 어디에 맞출지 선언하는 행위다.

2단계. 행위자 도면화(Actor Mapping)

문화 현상은 몇몇 주인공만으로 움직이지 않는다. 건축가, 시민, 기업, 정책가처럼 눈에 잘 보이는 사람뿐만 아니라, AI 알고리즘 · 스마트 인프라 · 순환 건축 자재 · 데이터 규칙 · 규정 · 장소 설계 같은 '규칙과 인프라(비인간 행위자)'가 실제 사건의 변화를 견인한다. 행위자

도면화의 첫 목적은 바로 이 보이는 손과 보이지 않는 손을 한 화면에 올려놓는 일이다. 그러면 “누가 무엇을 통해 무엇을 움직였는가”가 선명하게 드러나기 때문이다.

3단계. 좌표 배치(Coordinate Placement)

앞서 정의한 컬처 매트릭스의 다섯 축(규모 · 시간성 · 매개 · 권력/가치 · 장소성) 위에 노드와 엣지를 놓아 사건의 단면도를 만든다. 정성 · 정량 자료를 동일 타임라인에 얹는 것이 핵심이다.

4단계. 임계점 판독(Threshold Reading)

임계점은 물리학의 임계 온도처럼, 일정한 조건이 차오르다 ‘뚝’하고 다른 상태로 넘어가는 순간을 말한다. 작은 사건이 폭발적 확산을 불러오거나, 반대로 거대한 열기가 급격히 식는 순간이 이에 해당한다. 예를 들어 한 축제가 ‘지역 행사’에서 ‘전국적 이슈’로 도약하거나, 폐건물이 AI 기반 스마트 빌딩으로 리노베이션되어 하루아침에 국제 뉴스로 번역될 때, 우리는 임계점에 도달했다고 말할 수 있다. 임계점을 놓치면 변화는 우연처럼 보이지만, 제대로 포착하면 그 변화는 예상 가능한 흐름이 된다. 임계점 판독은 ‘변화의 곡선이 꺾이는 순간, 규칙과 서사가 바뀌는 지점을 잡아내는 일'이다. 이것이야말로 미래의 시나리오를 설계하기 위한 핵심 토대가 된다.

5단계. 시나리오: 미래를 설계하는 문장

시나리오는 '가능한 미래들'을 나란히 놓고, 그 안에서 우리가 개입할 자리와 책임을 모색하는 도구다. 앞 단계에서 사건을 지정하고, 행위자들의 관계망을 그리고, 좌표계에 배치했으며, 임계점을 판독했다. 그러나 분석은 여기서 멈추면 기록일 뿐이다. 시나리오화 단계에서야 비로소 "그래서 우리는 무엇을 할 것인가?"라는 질문에 답할 수 있다. 시나리오는 불확실성 속에서 방향을 잃지 않게 하는 문화적 나침반이다. 그것은 단 하나의 정답을 제시하지 않는다. 오히려 "이 길로 가면 어떤 세상이 오는가"를 여러 버전으로 보여 주며, 공동체가 함께 선택할 언어를 제공한다.

시나리오화는 컬처 매트릭스 분석의 마지막이자 새로운 시작이다. 사건의 흐름을 기록하는 데서 멈추지 않고, 그 흐름을 바탕으로 개입 가능한 미래 설계도를 만든다. 이 과정에서 우리는 단순한 관찰자가 아니라, 미래의 공동 설계자가 된다.

조건을 바꾸면, 의미와 도시의 미래도 바뀐다

컬처 매트릭스는 문화 · 도시 · 건축이 고정된 실체가 아닌, 조건에 따라 달라지는 관계의 함수임을 드러낸다. 좋은 도시 정책 · 건축 기획 · 문화 전략은 더 크게 말하는 것이 아니라, 따라서 더 잘 연결하고 더 공정하게 배분하며 더 가볍게(저탄소 · 재사용) 운영하는 것이다.

참고문헌

고영애·이다현(2015). 《컬쳐쇼크: 복합문화공간가이드》. M&K.

배율 리서치(2023). 《퍼머컬쳐: 지속 가능한 농업과 지구 생태계의 방향》. 배율북스.

볼프강 M. 헤클(2021). 《리페어 컬처: 쓰고 버리는 시대, 잃어버린 것들을 회복하는 삶》. 조연주 옮김. 양철북.

요한 하위징아(2018). 《호모 루덴스: 놀이하는 인간》. 이종인 옮김. 연암서가.

이도흠(2021). 《4차 산업혁명과 대안의 사회: 의미로 읽는 인류사와 인공지능》. 특별한서재.

10
AI와 호모 메모리쿠스

호모 사피엔스에서 호모 루덴스까지 많은 인간의 정의가 있다. 데이터 시대에 접어들면서 기억은 더 이상 개인적 능력의 한계 안에 머물지 않고, 인공지능과 인간이 공유하는 문명적 자산으로 변모한다. 호모 메모리쿠스(Homo Memoricus)와 인공지능의 결합은 곧, 인류 문명이 자기 자신을 어떻게 기억하고, 어떻게 재창조할 것인가에 대한 도전장이기도 하다.

AI와 미래 의사?

호모 메모리쿠스(Homo Memoricus)

호모 메모리쿠스는 인류를 규정하는 새로운 은유적 개념으로, 문자 그대로 '기억하는 인간' 또는 '기억을 본질로 하는 인간'이라는 뜻을 가진다.

호모 메모리쿠스는 인간 존재의 본질을 기억과 기억의 저장·재구성·전승 능력에 둔다. 인간의 개인적 기억 즉 자아 정체성과 생애사를 형성하는 기초가 된다. 또한 공동체의 역사, 전통, 문화적 정체성을 구성하는 기반이 되기도 하며, 문자, 기록, 디지털 데이터 등을 통해 물질적으로 보존·확산되는 기억 즉, 인간은 단순히 도구를 만들거나 사고하는 존재가 아니라, 기억을 매개로 세계를 이해하고 미래를 설계하는 존재로 정의하고 있다. 아리스토텔레스는 《데 아니마》에서 기억을 영혼의 핵심 작용 중 하나로 보았다. 현대 철학에서는 베르그송이 '기억'을 시간과 의식의 본질로 파악했고, 하이데거도 "존재의 의미는 기억과 망각 속에서 드러난다"고 강조하고 있다. 인류학적으로도 구술 문화, 문자 문화, 디지털 아카이브는 모두 호모 메모리쿠스의 층위를 보여 준다. 디지털 시대에는 인류가 생산하는 데이터와 기록이 "확장된 기억"을 형성하여, 인공지능, 빅데이터, 클라우드 시스템은 인간의 '기억 능력'을 외부화, 집단화하는 방향으로 진화시키고 있다. 과거를 해석하고 현재를 정당화하며 미래를 전망하는 능력이 바로 기억의 주체성이다. 기억은 교육, 전통, 예술, 기록을 통해 세대 간에 기억을 공유하고 전승하여 왔다. 어떤 기억을 남기고 어떤 기억을 지울지에 대한 사회적 · 권력적 자동은 정치적으로 변질되기도 했다. 호모 메모리쿠스는 단순히 기억만이 아니라, '망각'을 통해서도 삶을 조율한다. 인간은 과거를 기억하지 못하면 동일한 오류를 반복하게 되고, 기억을 재구성하지 못하면 정체성을 형성할 수 없으며, 기억을 전승하지 못하면 공동체는 지속성을 잃게 된다. 따라서 "기억하는 인간"은 단순한 수사가 아니라, 인류 문명의 핵심 동력을 드러내는 인류학적 · 철학적 정의라고 할 수 있다.

인공지능과 호모 메모리쿠스

인류는 오랫동안 기억을 본질로 하는 존재, 호모 메모리쿠스로서 살아왔다.

기억은 단순한 과거의 흔적이 아니라 정체성과 문화, 사회적 연속성을 가능케 하는 핵심적 힘이었다. 그러나 21세기에 들어서면서 인간의 기억은 더 이상 개인적 · 집단적 뇌에만 의존하지 않는다. 인공지능과 디지털 기술이 등장하면서, 기억은 외부화되고 확장되며, 새로운 형태의 공진화가 시작된 것이다. 인공지능은 인간의 '기억 능력'을 대체하는 것이 아니라, 새로운 기억 장치로 작동한다. 클라우드와 빅데이터 시스템은 인간 개개인이 감당할 수 없는 방대한 기억을 데이터로 축적한다. 인공지능은 단순한 저장을 넘어, 기억을 재구성하고 맥락화하며 의미를 새롭게 부여한다. 또한 인공지능은 인간이 망각한 사실을 소환하고, 가능하지 않았던 연결을 제안함으로써 '기억을 초월한 기억'을 제공한다.

결과적으로 인간은 더 이상 홀로 기억하는 존재가 아니라, AI와 함께 기억을 관리하고 창조하는 존재로 변모한다. 호모 메모리쿠스와 인공지능의 결합은 몇 가지 철학적 질문을 던진다. "나는 내가 기억하는 것이다"라는 명제는, "나는 AI가 불러내는 기억과 함께 존재한다"로 확장된다. 인간의 자아는 더 이상 독립적인 내적 기억에만 기초하지 않는다. 인간의 기억은 불완전하고 때로 왜곡된다. 반면 인공지능은 정확성을 추구하지만, 알고리즘이 선택한 맥락은 또 다른 왜곡을 불러올 수 있다.

무엇이 '진실한 기억'인가 하는 문제가 새롭게 제기된다. 인간에게는 잊을 권리가 있다. 그러나 AI는 '지우지 않는 기억'을 전제한다. 호모 메모리쿠스는 단순히 과거를 붙드는 인간이 아니라 인공지능과 더불어 기억을 확장하고 재편하며, 미래를 구성하는 존재다. 기억은 더 이상 개인적 능력의 한계 안에 머물지 않고, 인공지능과 인간이 공유하는 문명적 자산으로 변모한다. 호모 메모리쿠스와 인공지능의 결합은 곧, 인류 문명이 자기 자신을 어떻게 기억하고, 어떻게 재창조할 것인가에 대한 도전장이기도 하다.

순환 도시건축과 호모 메모리쿠스의 메타 전략

AI 시대의 순환 도시건축은 단순한 지속 가능성 담론을 넘어, 인간 기억의 확장된 주체로서 '호모 메모리쿠스'와 긴밀히 연결된다. 호모 메모리쿠스는 기억을 단순히 보존하는 존재가 아니라, 디지털 · 도시적 · 생태적 층위에서 기억을 재구성하며 미래로 투사하는 새로운 인간상을 뜻한다. 교통은 혈관, 데이터는 신경, 에너지는 심장처럼 도시가 순환하는 거대한 유기체라면, 호모 메모리쿠스는 그 안에서 축적된 기억을 해석하고 공유하며, 새로운 문화 · 정책 · 공동체적 질서를 생성하는 핵심 행위자다.

순환 도시건축은 건축물이 더 이상 물리적 구조에 머물지 않고, 기억 · 데이터 관계가 얽힌 '살아있는 플랫폼'으로 기능하도록 요구한다. 여기서 AI는 방대한 기억(빅

테이터)을 순환 구조 속에서 분석하고 예측하며, 인간의 감각과 역사적 경험을 새로운 공간 서사로 번역한다.

이는 도시가 단순한 인프라를 넘어 기억의 공존 도시로 진화하는 과정을 가능하게 한다. 메타 전략적으로, 인간 존엄과 기억 주권을 보장하는 인격 기반의 설계 원칙이 필요하며, 데이터와 자원 및 기억이 폐쇄되지 않고 순환되고 재생산되는 도시 생태계를 구축해야 한다. 또한 기억을 문화적 서사로 전환하여 글로벌 공감 자산으로 발전시키는 문화 기반적 전략으로 발전해야 한다. 따라서 AI 시대 순환 도시건축과 호모 메모리쿠스의 결합은 단순한 기술 혁신이 아니라, 인간 기억과 도시 생명의 순환을 결합한 문명 운영 패러다임의 전환이다. 이는 미래 도시를 기억의 순환 네트워크로 재정의하며, 인류 공동체의 지속 가능한 번영을 위한 보편적 전략으로 자리매김한다.

인공지능 윤리 헌장_IAAE 제정

국제인공지능윤리협회(IAAE)는 세계 최초 유일의 AI & AI Ethics 단체로서, 인공지능 기술과 인공지능 윤리의 조화로운 발전과 진흥을 통해 국제 사회의 혁신과 지속 발전 가능한 인류의 번영을 목적으로 하는 글로벌 인공지능 기관이다. 필자는 IAAE의 AI 융합 건축위원회 위원장으로 활동하면서, AI와 인간, 예술, 기술, 그리고 건축에 대하여 많은 고민과 생각을 하게 된 계기가 되었다.

이에 IAAE가 제정한 인공지능 윤리 헌장 중 제5장 공동의 책임과 이익의 공유 부분을, 이 책의 마지막에 공유하며, 독자들 또한 인공지능 윤리 헌장 전문을 찾아서 읽어주길 바라는 마음을 전하며 이만 마친다.

제5장 공동의 책임과 이익의 공유

• 인류는 공동의 책임과 의무로 인공지능의 위험성을 감시하고 기발생한 해악을 제거해야 한다.

• 인공지능의 편익과 혜택은 온 인류가 공평하게 누리고 향유할 수 있어야 한다.

• 인공지능 기술 수혜의 취약 국가와 취약 계층을 위해 인류 공동의 지원과 교육이 이루어져야 한다.

• 인간과 인간이 만드는 인공지능 기술은, 전 지구와 환경, 생태계에 윤리적, 도덕적 책임을 져야 한다.

참고문헌

구본권(2020). 《로봇시대, 인간의 일》. 어크로스.

김창민(2024). 《착각하는 인간: 호모 에라티쿠스》. 간디서원.

데이비드 호킨스(2009). 《호모 스피리투스》. 백영미 옮김. 판미동.
마틴 셀리그먼 외(2021). 《전망하는 인간, 호모 프로스펙투스》. 김경일·김태훈 옮김. 웅진지식하우스.
월터 시넛암스트롱 외(2025). 《도덕적인 AI》. 박초월 번역. 김영사.
정주혜(2023). 《꼬리에 꼬리를 무는 호모 사피엔스》. 주니어태학.
한민(2024). 《숭배하는 자들, 호모 피델리스》. 저녁달.

황준호

메타전략원EVP 어스빌파트너스(주) 대표건축가로서, JUNA 건축사사무소 사장, 파트너건축가다. 현재 한국건축가협회(KIA) 스마트융합디자인 위원장이며, 스마트건설 교류회 초대 회장을 역임하였다. 한국 AI스마트홈산업협회 분과위원과 국제자원봉사회(KIVA) 도시경관위원장이다. 국제 인공지능윤리협회(IAAE) 창립 멤버로 부회장 및 건축융합전문위원장과 'AI와 슬기로운 생활 이야기' 등 다양한 활동에 참여하고 있다. 메타 전략원 원장으로 인하대학교 건축공학과 석사 후, 서울벤처대학원대학교 융합산업학과에서 U-City융합기술경영으로 박사학위를 받았다. 공간(SPACE)종합건축사사무소 이사로 공공성과 지역성을 중시한 다수의 도시·건축 프로젝트를 수행하였다. 작품으로는 광주전남 정부청사, 노량진 수산시장, 성남고용노동청 청사, 부산 사상경찰서, 동덕여대 자연관 및 예술관, 청도 코미디창작촌, 파주교하도서관 등 다양한 설계에 참여하였다. 주요 저서로 AI홈 및 스마트홈 관리사, 국립작은도서관 총서시리즈 참고자료 2권 및 인공지능윤리개론 공저 등이 있다.